▶ 언론기사, 공식 보도자료에 제시된 수치: 파업 농성용 '감옥', 잠수함 승조원 침대, 난민 보트, 아폴로 달 착륙선, 컨테이너 가건물, 인천국제공항 제1여객터미널

▶ 사진 속에서 기준으로 삼을 수 있는 물체의 길이와 비교하여 측량한 경우: 차별금지법제정연대 텐트

▶ 블로그 등의 '이용 후기' 속 사진과 경험담을 바탕으로 길이를 어림짐작한 경우: 도쿄 넷카페

각 공간의 바닥 부분은 (1)전시실 맨바닥에 마스킹테이프로 영역을 표시하거나, (2)바닥 장식용 타일 카페트로 영역을 표시했다. 좌식(바닥 위에 바로 눕거나 앉는 자세)이 강제되는 공간에는 (1)번, 그 외 공간에 (2)번 방법을 사용했고, 의자가 상시 놓인 경우에는 의자를 함께 설치했다.

공간마다 각목을 눕혀놓고, 그 위에는 마스킹테이프를 부착하여 공간의 높이를 표시했다.

공간을 표시하는 데 쓰인 색상은 특별한 의미가 없다. 각 공간의 바닥 면적을 표시하는 대형 인포그래픽 안에서, 공간별 영역이 뚜렷하게 구분되어 보이도록 색상을 배치하였을 따름이다.

공간의 종류는 다음과 같다. 작품 내에서 제시한 제목과 순서에 맞추어 16개 작품을 나열했다. 물리적 공간 제약으로 인해 설치하지 못했던 2개 작품에 대한 내용 역시 책의 뒷부분에 추가했다.

01. 한국 국토교통부 공고 "1인 가구 최저주거기준"의 면적
02. 대판 판형 신문지 6장
03. 구 서대문형무소 12옥사 감방
04. 구 남영동 대공분실 조사실 내 의자
05. 차별금지법제정연대 국회의사당 앞 단식농성 텐트
06. 대우조선해양 하청 노동자의 파업 농성용 "감옥" 구조물
07. 기아자동차 준중형 SUV "스포티지" 탑승칸과 트렁크
08. 일본 도쿄 신주쿠구 소재 넷카페의 1인실
09. "공중화장실 등에 관한 법률 시행령"에 의한 한국 대변기 칸막이 최소 규격 (2019. 1. 1 기준)
10. 구 서울역 역사 계단의 일부 영역
11. 현대자동차 트럭 "마이티" 3.5t형 운전자석 (와이드 슈퍼캡 모델)
12. 미국 해군 버지니아급 핵잠수함 "USS 텍사스" 승조원 침대
13. 아폴로 11호 달 착륙선 "이글"의 승무원실
14. Dräger "Isolette® 8000" 인큐베이터
15. 실내용 텐트 "아이두젠 따수미 프리미엄" 2-3인용
16. 알리바바에서 판매되는 소형 "난민 보트refugee boat"
17. 비닐하우스 내 컨테이너 박스 가건물
18. 인천국제공항 제2여객터미널 환승구역

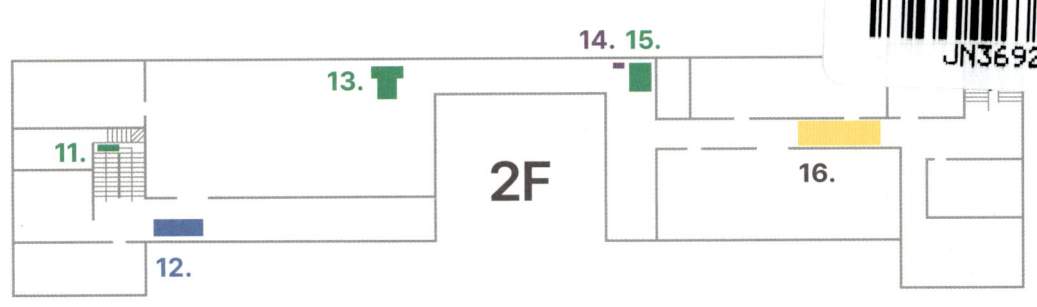

문화역서울284에서 진행된 〈나의 잠My Sleep〉 전시에서 작품을 설치한 곳의 위치.

17, 18번 작품은 물리적 공간의 부족으로 설치하지 못함.

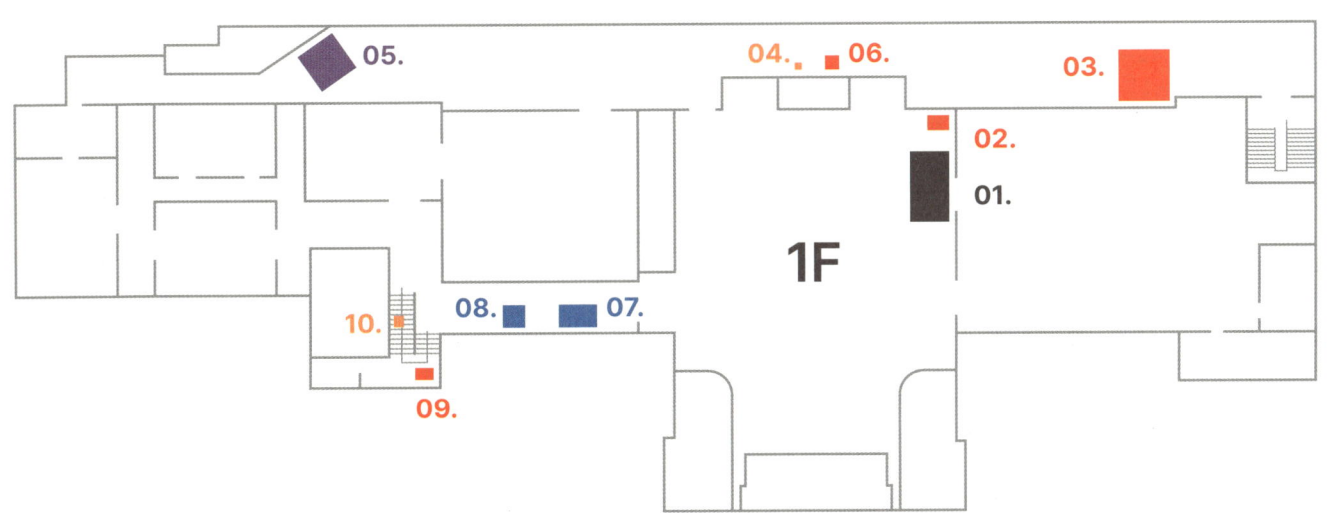

02.
대판 판형 신문지 6장

01.
한국 국토교통부 공고
"1인 가구 최저주거기준"의 면적

03.
구 서대문형무소 12옥사 감방

04.
구 남영동 대공분실
조사실 내 의자

06.
대우조선해양 하청 노동자의
파업 농성용 "감옥" 구조물

05.
차별금지법제정연대
국회의사당 앞 단식농성 텐트

07.
기아자동차 준중형 SUV
"스포티지" 탑승칸과 트렁크

08.
일본 도쿄 신주쿠구 소재
넷카페의 1인실

09.
"공중화장실 등에 관한
법률 시행령"에 의한
한국 대변기 칸막이 최소 규격
(2019. 1. 1 기준)

10.
구 서울역 역사 계단의 일부 영역

07, 08:
(주)엠스토리컴퍼니 촬영. 2022년 7월 18일.
01~06, 09, 10:
조현익 촬영. 2022년 9월 11일.

11.
현대자동차 트럭
"마이티" 3.5t형 운전자석
(와이드 슈퍼캡 모델)

13.
아폴로 11호 달 착륙선
"이글"의 승무원실

12.
미국 해군 버지니아급 핵잠수함
"USS 텍사스" 승조원 침대

13~15: (주)엠스토리컴퍼니 촬영. 2022년 7월 18일.
11, 12, 16: 조현익 촬영. 2022년 9월 11일.

16.
알리바바에서 판매되는 소형
"난민 보트refugee boat"

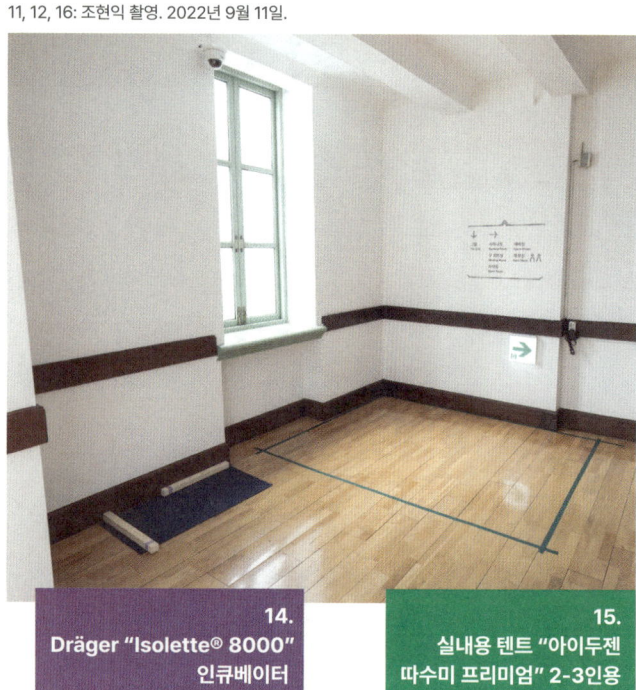

14.
Dräger "Isolette® 8000"
인큐베이터

15.
실내용 텐트 "아이두젠
따수미 프리미엄" 2-3인용

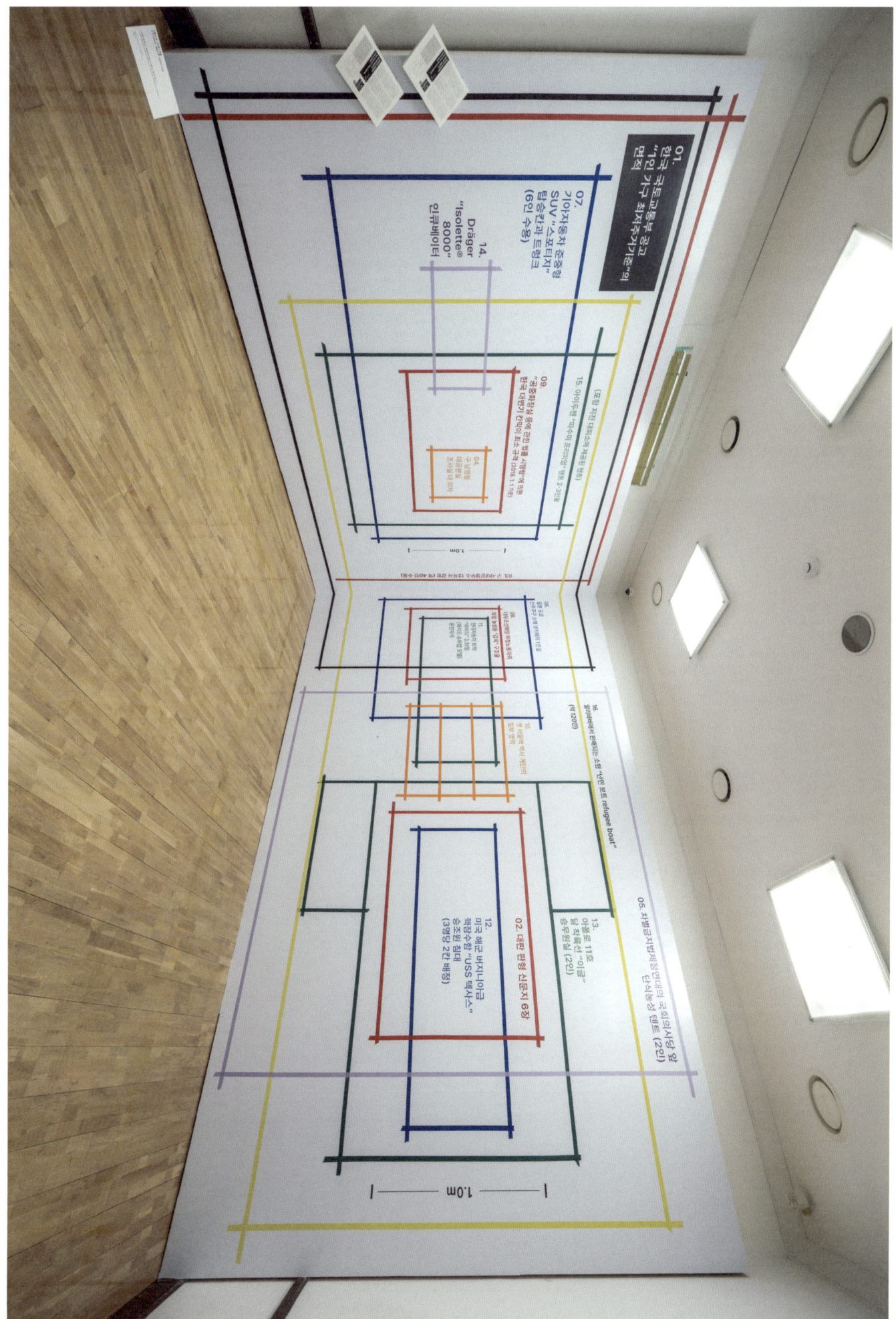

(주)엠스토리컴퍼니 촬영. 2022년 7월 18일.

01.
한국 국토교통부 공고 "1인 가구 최저주거기준"의 면적

공간의 주요 수치

길이, 너비	5.0 × 2.8m
바닥 면적	14.00m² (4.2평)
높이	2.2m
수용인원	1명
1인당 면적	14.00m²/명 (4.2평/명)

시설 접근성: "최저주거기준"과의 비교
- ✓ 상하수도 시설
- ✓ 전용입식부엌 (음식으로의 접근성)
- ✓ 전용수세식화장실
- ✓ 목욕시설

구조부: "최저주거기준"과의 비교
- ✓ 영구건물로서의 구조강도
- ✓ 내열·내화·방열·방습에 양호한 재질

안전 기준: "최저주거기준"과의 비교
- ✓ 해일, 홍수, 산사태, 절벽의 붕괴 등 자연재해 발생의 위험성이 적음
- ✓ 안전한 전기시설 설비
- ✓ 화재 시 피난할 수 있는 구조와 설비

주거 성능: "최저주거기준"과의 비교
- ✓ 적절한 방음
- ✓ 적절한 환기
- ✓ 적절한 채광
- ✓ 적절한 난방설비

외부 환경: "최저주거기준"과의 비교
- ✓ 기준치 이하의 소음
- ✓ 기준치 이하의 진동
- ✓ 기준치 이하의 악취
- ✓ 기준치 이하의 대기오염

1인 가구 12㎡(3.6평), 부부 가구 20㎡(6.1평) 등으로 규정된 최저주거기준이 제정된 지 7년 만에 대폭 손질된다. 또 장애인이나 고령자를 위한 권장 안전 기준이 별도로 마련된다. 국토해양부는 주거 취약 계층에 대한 지원을 강화하기 위해 1명당 주거 면적을 상향조정하는 방향으로 장관 고시인 최저주거기준을 3월께 개정해 시행할 예정이라고 6일 밝혔다. [중략]

국토부 관계자는 "최저주거기준이 처음 마련된 지 7년이 지나면서 저소득층에게 공급되는 소형 임대주택의 평형도 늘어나는 등 사회·경제적인 여건이 많이 바뀐 만큼 이를 적절하게 반영할 방침"이라고 말했다.

국토부는 국토연구원에 의뢰한 연구용역 결과를 토대로 내부 방침을 정한 뒤 관련 부처 협의와 주택정책심의위원회 심의를 거쳐 3월께 새 기준을 공고할 예정이다.

국토연구원은 보고서에서 1인 가구의 경우 인체공학적 측면 등을 고려했을 때 최소 면적을 1인 가구는 14㎡(4.2평), 2인 가구(부부)는 26㎡(7.9평)는 돼야 적정하다고 제안했다. [중략]

아울러 상수도나 지하수 시설이 완비된 전용 입식부엌, 전용 수세식 화장실 및 목욕시설을 갖춰야 한다는 의견을 내놨다.

악취·진동·소음이 법정기준에 적합해야 한다는 식으로 포괄적이면서 추상적으로 규정된 설비 및 구조·성능·환경 기준도 등급·항목별로 나눠 구체적으로 매뉴얼화해 제시했다.

특히 현행 최저주거기준에는 노약자를 위한 조항이 따로 없었지만, 연구원은 이들이 살아가는 데 불편함이 덜하도록 일반 기준과 달리 최소 면적을 더 넓히고 휠체어 등을 쉽게 이용할 수 있게 방문 턱을 없애도록 하는 기준도 별도로 내놨다. 국토부는 이에 따라 최저주거기준을 개정할 때 `장애인·고령자용 권장 안전 기준'을 함께 마련해 고시할 방침이다.

국토부는 새 기준이 확정되면 노후 주택 개·보수 및 임대주택 입주자 선정 기준 등으로 활용할 방침이다. [중략]

국토부에 따르면 현행 최저주거기준에 미달하는 가구는 2005년 인구·주택 총조사 당시 전체 가구의 13%(206만 가구)에서 2008년 국토부의 주거실태 표본조사 때는 10.5%로 줄었다.

국토부 관계자는 "최저주거기준이 상향조정되면 그만큼 미달 가구가 다시 늘어나고 각종 정책을 시행할 때 국가 재정 운용에 부담으로 작용하기 때문에 어느 수준으로 높일지 결정하려면 더 세밀한 검토와 관계부처 협의가 필요하다"고 말했다.

'부부 6.1평' 최저주거기준 7년 만에 높인다
연합뉴스, 2011년 1월 6일

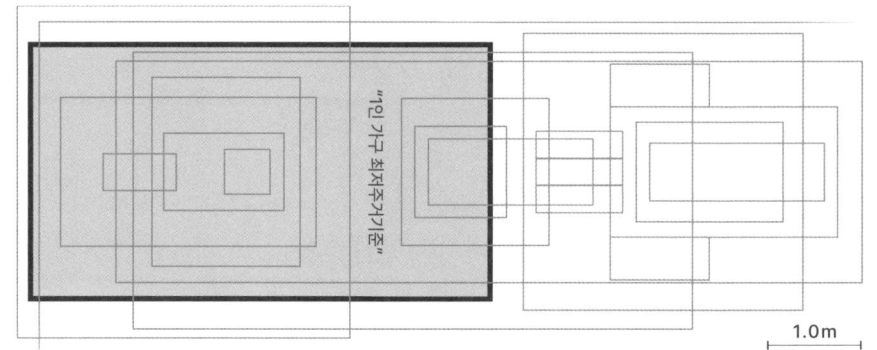

제1조(목적)
이 기준은 주택법 제5조의2 및 동법시행령 제7조의 규정에 의하여 국민이 쾌적하고 살기좋은 생활을 영위하기 위하여 필요한 최저주거기준을 설정함을 목적으로 한다.

제2조(최소 주거면적 등)
가구구성별 최소 주거면적 및 용도별 방의 개수는 〈별표〉와 같다.

제3조(필수적인 설비의 기준)
주택은 상수도 또는 수질이 양호한 지하수 이용시설 및 하수도시설이 완비된 전용입식부엌, 전용수세식화장실 및 목욕시설(전용수세식화장실에 목욕시설을 갖춘 경우도 포함한다)을 갖추어야 한다.

제4조(구조·성능 및 환경기준)
주택은 안전성·쾌적성 등을 확보하기 위해 다음 각호의 기준을 모두 충족하여야 한다.
1. 영구건물로서 구조강도가 확보되고, 주요 구조부의 재질은 내열·내화·방열 및 방습에 양호한 재질이어야 한다.
2. 적절한 방음·환기·채광 및 난방설비를 갖추어야 한다.
3. 소음·진동·악취 및 대기오염 등 환경요소가 법정기준에 적합하여야 한다.
4. 해일·홍수·산사태 및 절벽의 붕괴 등 자연재해로 인한 위험이 현저한 지역에 위치하여서는 아니된다.
5. 안전한 전기시설과 화재 발생 시 안전하게 피난할 수 있는 구조와 설비를 갖추어야 한다.

〈별표〉
가구구성별 최소 주거면적 및 용도별 방의 개수

가구원 수(표준 가구구성):
[실(방) 구성, 총주거면적]
- ▲1인(1인 가구): 1K, 14㎡
- ▲2인(부부): 1DK, 26㎡
- ▲3인(부부+자녀1): 2DK, 36㎡
- ▲4인(부부+자녀2): 3DK, 43㎡
- ▲5인(부부+자녀3): 3DK, 46㎡
- ▲6인(노부부+부부+자녀2): 4DK, 55㎡

* 실(방) 구성에서 K는 부엌, DK는 식사실 겸 부엌을 의미하며, 숫자는 침실(거실겸용 포함) 또는 침실로 활용이 가능한 방의 수를 말함.

* 방의 개수 설정을 위한 침실분리원칙은 다음 각호의 기준을 따름.
1. 부부는 동일한 침실 사용
2. 만6세 이상 자녀는 부모와 분리
3. 만8세 이상의 이성자녀는 상호 분리
4. 노부모는 별도 침실 사용

최저주거기준
(국토해양부공고 제2011-490호)
2011년 5월 27일 일부개정

제1조(목적)
이 규칙은 「주택법」 제38조, 제39조, 제51조제1항과 「주택건설기준 등에 관한 규정」에서 위임된 사항과 그 시행에 관하여 필요한 사항을 규정함을 목적으로 한다.

[중략]

제3조(치수 및 기준척도)
영 제13조에 따른 주택의 평면과 각 부위의 치수 및 기준척도는 다음 각 호와 같다.

[중략]

4. 거실 및 침실의 반자높이(반자를 설치하는 경우만 해당한다)는 2.2미터이상으로 하고 층높이는 2.4미터이상으로 하되, 각각 5센티미터를 단위로 한 것을 기준척도로 할 것

주택건설기준 등에 관한 규칙
(국토해양부령 제1107호)
2022년 2월 11일 타법개정에 의한 일부개정

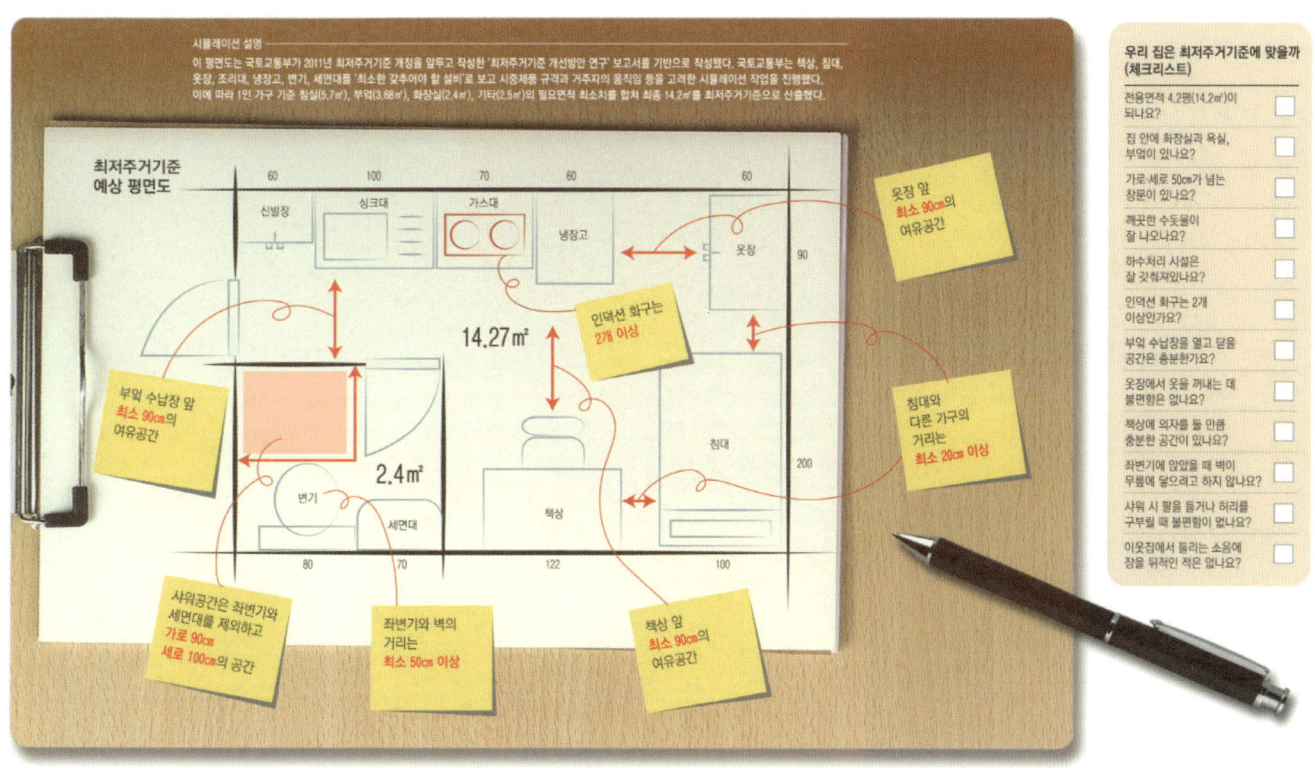

경향신문, 2019년 11월 13일, "[오! 평범한 나의 셋방]최저주거기준 유명무실…'1인 가구 공공임대'에 해법 있다" 기사 중. 엄희삼 제작.

02.
대판 판형 신문지 6장

공간의 주요 수치

길이, 너비	1.58 × 1.09m
바닥 면적	1.72m² (0.52평)
높이	-
수용인원	1명
1인당 면적	1.72m²/명 (0.52평/명)

시설 접근성: "최저주거기준"과의 비교
- 상하수도 시설
- 전용입식부엌 (음식으로의 접근성)
- 전용수세식화장실
- 목욕시설

구조부: "최저주거기준"과의 비교
- 영구건물로서의 구조강도
- 내열·내화·방열·방습에 양호한 재질

안전 기준: "최저주거기준"과의 비교
- ✔ 해일, 홍수, 산사태, 절벽의 붕괴 등 자연재해 발생의 위험성이 적음
- 안전한 전기시설 설비
- ✔ 화재 시 피난할 수 있는 구조와 설비

주거 성능: "최저주거기준"과의 비교
- 적절한 방음
- ✔ 적절한 환기
- ✔ 적절한 채광
- 적절한 난방설비

외부 환경: "최저주거기준"과의 비교
- 기준치 이하의 소음
- 기준치 이하의 진동
- 기준치 이하의 악취
- 기준치 이하의 대기오염

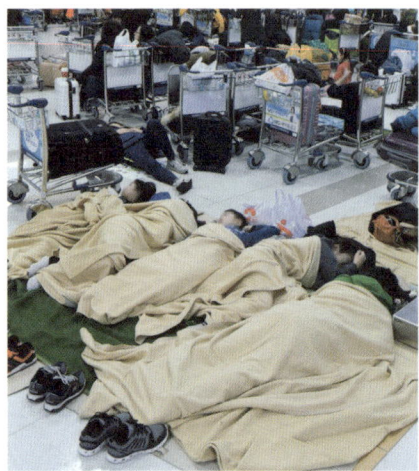

한라일보, 2016년 1월 24일, "제주공항 이틀째 난민수용소 방불" 기사 중. 강희만 촬영.

동아일보, 1981년 7월 29일, "행락노숙, 탈도시 꿈꾸는 대합실 인파". 촬영자 미상.

자정이 넘은 서울역 광장은 밤마다 표를 미리 사지 못한 피서객들로 장사진을 이룬다. 새벽열차라도 타고 빨리 서울을 빠져나가려는 마음에 노숙까지 하는 젊은이들이 역 광장에 자리나 신문지를 깔고 잠을 청한다.

[오늘의 초점] 행락노숙, 탈도시 꿈꾸는 대합실 인파 동아일보, 1981년 7월 29일

제주도가 눈에 갇혔다. 한파와 눈보라, 강풍을 동반한 32년 만의 기록적인 폭설로 들어갈 수도, 나갈 수도 없는 '하얀 감옥'이 됐다. 제주공항은 23일 오후 5시50분부터 항공기 전면 결항 사태가 벌어졌다. 승객 9만여 명의 발이 묶였다. 한국공항공사는 24일 "제주공항의 모든 항공편 이착륙을 25일 오후 8시까지 중단한다"고 밝혔다.

눈발은 23일 오전부터 굵어지기 시작했다. 제주지방기상청에 따르면 이날 오후 8시쯤 제주 시내에 최대 12cm의 눈이 쌓였다. 1984년 1월(13.9cm) 이후 32년 만에 최대 적설량을 기록했다. 역대 기상관측 이래 세 번째로 많은 양이다.

대구에 사는 직장인 임병석(51)씨는 24일 오후 비행기로 돌아갈 계획이었으나 눈발이 거세지자 걱정돼 하루 먼저 공항에 나왔다. 임씨는 "비행편이 나오는 대로 돌아가려고 23일부터 공항에서 시작한 노숙이 2박3일을 채우게 생겼다"며 발을 동동 굴렀다.

임씨는 첫날 밤에는 공항 수하물센터에서 1만원에 파는 대형 종이박스를 구해 아내와 대학생 딸, 고등학생 아들 등에게 깔아줬다. 공항 로비에는 임씨 가족처럼 박스와 신문지 등을 깔고 잠을 청하는 승객이 수백 명에 달했다.

하지만 이튿날엔 제주도와 제주관광공사 측에서 박스 등을 수거한 뒤 스티로폼으로 된 매트와 담요 등을 제공했다. 일부 승객은 대합실에 텐트를 치기도 했다. 임씨는 "아쉬운 대로 잠자리는 해결됐지만 언제 돌아갈지 막막하기만 하다"고 말했다.

"2박3일 공항 노숙…만원짜리 박스 깔고 쪽잠" 중앙일보, 2016년 1월 25일

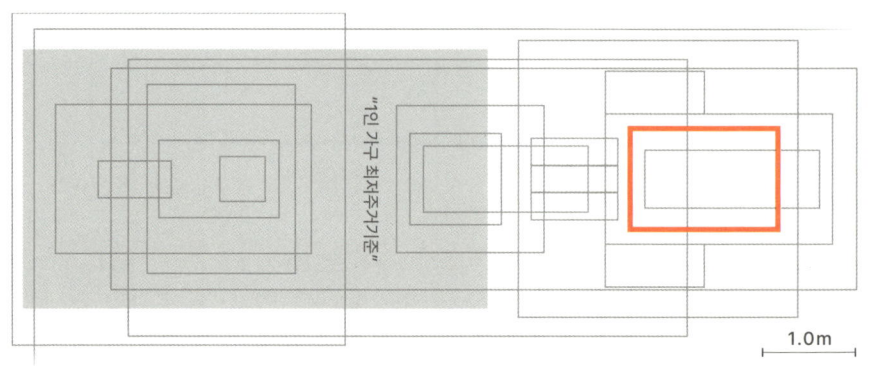

1.0m

한겨레, 1998년 6월 26일, "대신 줄선 신문지". 이정우 촬영.

경향신문, 1998년 5월 30일, "신문지위의 새우잠". 정지윤 촬영.

25일 서울 탑골공원 무료급식을 나눠주는 장소 앞에 신문지가 길게 늘어서 있다. 비마저 내리는 날, 사람들의 시름은 깊어간다.

대신 줄선 신문지 (사진기사)
한겨레, 1998년 6월 26일

"새로운 얼굴들이 많이 보여. 오래 전에 알고 지내던 사람들은 안 보이고. 하기야 이야기를 들어보면 여기가 무슨 '집합소' 같아. 어디 지방에서 폭삭 망해 온 사람, 공장 다니다가 잘린 사람…. 요새 젊은 사람들도 많지만 70대 이상 노인들도 많지."

10월 27일 오후 3시 서울지하철 2호선 을지로입구역 지하 1층에서 만난 김아무개(43)씨는 원형 쉼터에 몸을 뉘인 노숙인 5~6명을 쓰윽 훑어본 뒤 기자에게 조용하게 말했다. 아직 이른 시간이었지만 김씨 주변의 노숙인들은 박스와 신문지, 얇은 모포 등을 덮은 채 잠을 청하고 있었다. 주변에는 구겨진 휴지와 종이컵, 그리고 소주병이 있었다.

김씨가 을지로 입구역 '원형 쉼터'로 흘러들어온 지 1년 6개월이 지났다. 그에겐 3년 전 노숙 이후 다시 시작된 거리의 삶이다. "무거운 걸 져 나르다가 어깨를 다쳐서 일을 못했어. 그래서 예전에 있던 쪽방에서 나와 여기 있는 거야. 그나마 이제 좀 나아서 이번 달에 일거리를 알아보려고. 날 더 추워지기 전에 들어가야 하는데 요새 일거리가 없어서 걱정이야."

같은 날 오후 서울역 광장에서 만난 이아무개(47)씨도 "요즘에는 지방에서 올라와서 얼굴을 잘 모르는 애들이 많다"고 말했다.

"오늘(27일) 점심 무료급식 때 밥이 모자라 빵을 나눠줬는데 그마저도 못 받았어. 영등포역에서 2년, 서울역에서 2년 가까이 있었는데 요새는 지방에서 올라온 애들이 너무 많아졌어." 서울시 자료에 따르면 현재 서울시 전체 노숙인 가운데 40% 정도는 지방에서 올라왔다. 지방에 비해 서울의 노숙인 지원 시설이 더 좋고 무료 급식 제공 기회가 더 많기 때문이다.

[중략]

'노숙인 다시 서기 지원센터'의 이형운 현장지원팀장은 "최근 조짐이 심상치 않다"고 말했다. 이 팀장은 "쉼터·상담보호센터 등에만 노숙인이 있는 것이 아니다"라며 "PC방·만화방이나 쪽방 등에 있는 잠재적 노숙인도 있다. 이들이 다시 거리로 나올 가능성이 높다"고 했다. 그는 [중략] "경기침체가 가속화되면서 차차상위계층에서 차상위계층으로, 차상위계층에서 수급권자로, 수급권자에서 노숙인으로 몰리는 속도도 빨라지고 있다"고 전했다.

"우리는 2008년에 살고 있다. 핸드폰·MP3 등을 들고 다니며 사용했던 이들이 한순간에 완전히 다 깨졌다. 동굴에도 못 들어가는 원시적인 상황에 접한 것이다. 이들에게 양말 하나, 속옷 한 장 더 준다고 해서 쉽게 노숙에서 빠져나와 회복되겠나. 이들을 위한 예산과 이들의 자활을 위한 사람들의 '기원'이 있어야 한다."

"밥 모자라다고 빵 줬는데, 그마저도 못 받았어"
오마이뉴스, 2008년 10월 31일

광고안내 > 신문의 형태

매일신문 광고모집안내 웹페이지(http://a.imaeil.com/_ads/) 중 "신문의 형태" 안내 페이지. 제작자 미상.

신문 한 면의 크기는 가로 39cm, 세로 54cm입니다. 그중 인쇄되는 지면은 가로 36cm, 세로 51cm입니다. 이 크기를 '대판' 판형이라고 합니다.

※좌측 이미지참고

기타 신문의 형태

- **'베를리너' 판형** -
그러나 모든 신문이 '대판' 판형은 아닙니다.
가로 32cm, 세로 47cm의 '베를리너' 판형도 있습니다.
중앙일보가 그 예입니다.

- **'타블로이드' 판형** -
국내 무료일간지는 '타블로이드' 판형을 취하고 있습니다.
이는 가로 25cm, 세로 37cm의 기존 '대판' 판형의 절반이 조금 넘는 크기입니다.

세로 '단'
신문은 세로 51cm 길이를 15단으로 구분하여 1단은 3.4cm에 해당합니다.

가로 'cm'
가로는 cm 기준으로 하며 가로 전체 길이는 36cm입니다.

'5단통' 광고
5단통 광고는 세로길이가 5단. 가로 36cm 전체 길이로 구성된 광고를 의미합니다.

"신문광고크기"
매일신문 광고모집안내 웹페이지 중에서.

03.
구 서대문형무소 12옥사 감방

공간의 주요 수치

길이, 너비	3.63 × 3.65m
바닥 면적	13.25m² (4.0평)
높이	3.25m
수용인원	약 10~40명
1인당 면적	0.33~1.33m²/명 (0.1~0.4평/명)

덥다.

몇 도(度)인지, 백십 도 혹은 그 이상인지도 모르겠다.

매일 아침 경험하는 바와 같이 동쪽 하늘에 떠오르는 해를 '저 해가 이제 곧 무르녹일테지' 생각하면 그 예상을 맞추려는 듯이 해는 어느덧 방을 무르녹인다.

다섯 평이 조금 못 되는 이 방에, 처음에는 스무 사람이 있었지만, 몇 방을 합칠 때에 스물 여덟 사람이 되었다. 그때에 이를 어찌하노 했다. 진남포 감옥에서 공소로 넘어온 사람까지 설흔 네 사람이 되었을때에 우리는 한숨을 쉬었다. 그러나 신의주와 해주 감옥에서 넘어온 사람까지하여 마흔 네 사람이 될 때에 우리는 한 숨도 못 쉬었다. 혀를 채었다.

곧 추녀 끝에 걸린 듯한 뜨거운 해는 끊임없이 더위를 보낸다. 몸 속에 어디 그리 물이 많았던지, 아침부터 계속하여 흘린 땀이 그냥 멎지 않고 흐른다. 한참 동안 땀에 힘없이 앉아 있단 나는, 마지막 힘을 내어 담벽을 기대고 흐늘흐늘 일어섰다. 지옥이었다.

빽빽이 앉은 사람들은 모두 힘없이 머리를 늘이우고 입을 송장같이 벌리고 흐르는 침과 땀을 씻을 생각도 안하고 먹먹히 앉아 있다. 둥그렇게 구부러진 허리, 맥없이 무릎 위에 놓인 손, 뚱뚱 부은 시퍼런 얼굴에 힘없이 벌어진 입, 생기 없는 눈, 흩어진 머리와 수염, 모든 것이 죽은 사람이었다. 이것이 과연 아침에 세면소까지 뛰어갔으며 두 시간 전에 점심 먹느라고 움직인 사람들인가? 나의 곤하여 둔하게 된 감각에도 눈이 쓰린 역한 냄새가 쏜다.

그들은 무얼 하러 여기 왔나? 바람 불고 잘 자리 있고 담배 있는 저 세상에서 무얼 하러 여기 왔나? 사랑스러운 손주가 있는 사람도 있겠지. 이쁜 아내가 있는 사람도 있겠지. 제가 벌어먹이지 않으면 굶어죽을 어머니가 있는 사람도 있겠지. 그리고 그들은 자유로 먹고 마시고 바람을 쏘이고 자유로 자고 있었을테다. 그러던 그들이 어떤 요구로 여기를 왔나?

그러나 지금의 그들의 머리에는 독립도 없고, 민족 자결도 없고, 자유도 없고, 사랑스러운 아내며 아들이며 부모도 없고, 또

시설 접근성: "최저주거기준"과의 비교
- 상하수도 시설
- 전용입식부엌 (음식으로의 접근성)
- 전용수세식화장실
- 목욕시설

구조부: "최저주거기준"과의 비교
- ✓ 영구건물로서의 구조강도
- 내열·내화·방열·방습에 양호한 재질

안전 기준: "최저주거기준"과의 비교
- ✓ 해일, 홍수, 산사태, 절벽의 붕괴 등 자연재해 발생의 위험성이 적음
- ✓ 안전한 전기시설 설비
- 화재 시 피난할 수 있는 구조와 설비

주거 성능: "최저주거기준"과의 비교
- 적절한 방음
- 적절한 환기
- ✓ 적절한 채광
- 적절한 난방설비

외부 환경: "최저주거기준"과의 비교
- 기준치 이하의 소음
- ✓ 기준치 이하의 진동
- 기준치 이하의 악취
- ✓ 기준치 이하의 대기오염

중앙일보, 2017년 8월 15일, "[서소문 사진관] 일제시대 서대문 형무소 감방 체험해보니…" 기사 중. 신인섭 촬영.

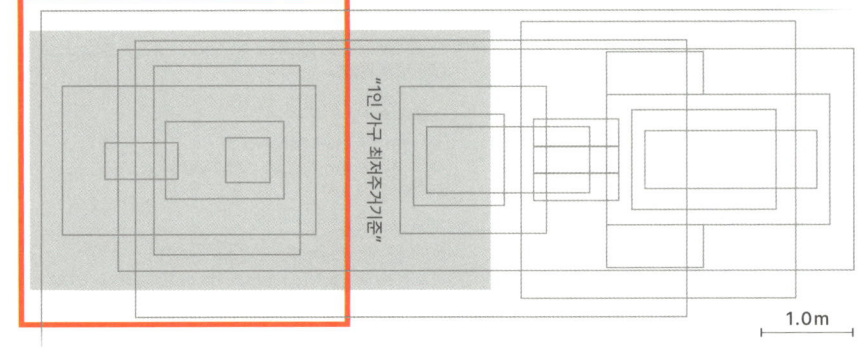

는 더위를 깨달을 만한 새로운 신경도 없다. 무거운 공기와 더위에 괴로움 받고 학대받아서, 조그맣게 두 개골 속에 웅크리고 있는 그들의 피곤한 뇌에 다만 한 가지의 바람이 있다 하면, 그것은 냉수 한 모금이었다. 나라를 팔고 고향을 팔고 친척을 팔고 또는 뒤에 이를 모든 행복을 희생하여서라도 바꿀 값이 있는 것은 냉수 한 모금밖에는 없었다.

[중략] 이러고야 어찌 열병 환자가 안 날까? 닷새 전에 한 사람이 병감으로 나가고, 그저께 또 한 사람 나가고, 오늘은 또 두 사람이 앓고 있다.

우리는 간수가 병인을 병감으로 데리고 나갈 때마다 부러운 눈으로 그들을 보았다. 거기에는 한 방에 여나믄 사람밖에는 두지 않았다. 그리고 그들에게는 '물'약을 주었다. 뿐만 아니라 그들은 맑은 공기를 마실 기회가 있었다.

"오늘이 일요일이지요?"

나는 변기(便器)위에 올라앉아서 어두운 전등 밑에 이를 잡으면서 곁에 서 있는 사람에게 물었다(우리는 하룻밤을 삼분(三分)하고 사람을 삼분하여 번갈아 잠을 자고, 남은 사람은 서서 기다리기로 하였다).

"내가 압네까? 좋은 팁네다만, 삼일날인디 주일날인디…"

그러나 종소리는 그냥 땡-땡-고요한 밤하늘에 울리어온다. 그것은 마치 '여기로 자유로 냉수를 마시고 넓은 자리에서 잘 수 있는 사람이 있다'는 것처럼…. [중략]

서 있기로 된 사람 사이에는 한담이며 회고담들이 사귀어졌다.

그러나 우리들(자지 않고 서서 기다리기로 한) 가운데도 벌써 잠이 든 사람이 꽤 많았다. 서서 자는 사람도 있다. 변기 위 내 곁에 앉았던 사람도 끄덕끄덕 졸다가 툭 변기에서 떨어진 그대로 잔다. 아래 깔린 사람도 송장이 아닌 증거로는 한두 번 다리를 버둥거릴 뿐 그냥 잔다.

나도 어느덧 잠이 들었는지 모르겠다. 가슴이 답답하여 깨니까(매일 밤 여러 번 겪는 현상이거니와)내 가슴과 머리는 온통 남의 다리(수십 개의)아래 깔려 있다. 그것들을 움즈럭 움즈럭 겨우 뚫고 일어나서, 그냥 어깨에 걸려 있는 몇 개의 남의 자리를 치워 버리고 무거운 김을 배앝았다.

다리 진열장이었다. 머리와 몸집은 어디 갔는지 방안에 하나도 안 보이고, 다리만 몇 겹씩 포개고 포개고 하여 있다. 저편 끝에서 다리가 하나 버드렁거리는가 하면, 이편 끝에서는 두 다리가 움질움질하고-. 그것도 송장의 것과 같은 시퍼런 다리를. 이 사람의 세계를 멀리 떠난 그들에게도 사람과 같은 꿈이 깨어지는지(냉수 마시는 꿈을 꾸는지 모르겠다)때때로 다리들 틈에서 꿈소리가 나온다.

아아! 그들도 집에 돌아만 가면 빈약하나마 제가 잘 자리는 넉넉할 것을….

소설 〈태형〉
김동인 작, 1922~23년 잡지 〈동명〉에 연재.

[서대문형무소의] 옥사 확장 공사가 시작되었지만 1919년 3.1운동으로 위기를 맞는다. 평화적인 시위에 총칼을 앞세운 일제의 폭압적인 대응으로… 수감 인원이 큰 폭으로 증가하였기 때문이다. 1918년 전국 수감자 11,778명 대비 1919년 15,176명으로 3,398명, 즉 28.85% 증가 하였다. 이때 전국의 감옥 수용 능력은 이미 포화상태를 넘었다. 1919년 전국 감옥 수용면적은 총 2,900평인데, 1919년도 말 수감 인원을 대비하면 한 평에 평균 5.2명 이상이 수용되었다.

서대문형무소의 수용 밀도는 더욱 높았다. 1919년 3,075명이 수용되어 서대문형무소 운영 기간 중 가장 많은 인원이 수감되었다. 1918년에 비해 1,219명, 65.68%나 증가하였다. 수용 기준 인원 500명의 6배를 초과하는 수치였다. 그리고 전국 수감자 증가 인원 3,398명 중 35.87%가 서대문형무소에 수용되었다. [중략]

큰 폭의 수감자 증가와 달리 전국 감옥 증설은 동 기간 2배를 넘지 못하였다. 따라서 감옥의 수용 밀도는 언제나 기준을 초과하였고, 실제 운영에 있어서 한 평에 8~9명이 수감되는 것이 보통이었다. 이에 일제는 기존의 1915년 계획보다 확대된 감옥 시설의 확장을 꾀하지 않을 수 없었다.

〈일제 강점기 서대문형무소 연구〉, 박경목(2015). 충남대학교 사학과 한국사전공 박사학위논문.

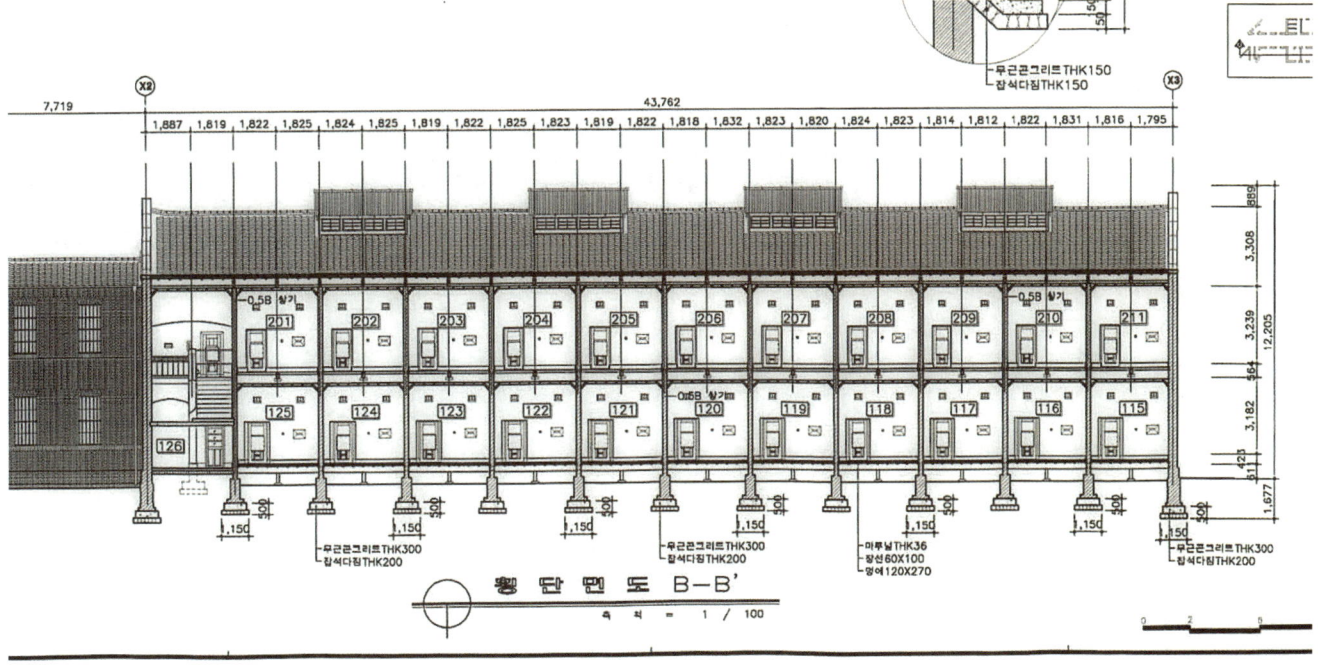

서울 구 서대문형무소 12옥사 실측조사(복원도면) B-B' 횡단면도. 2002년 (주)삼풍엔지니어링 작성. 문화재청 국가문화유산포털 제공.

04.
구 남영동 대공분실 조사실 내 의자

공간의 주요 수치

길이, 너비	0.5 × 0.5m
바닥 면적	0.25m² (0.1평)
높이	2.66m
수용인원	1명
1인당 면적	0.25m²/명 (0.1평/명)

시설 접근성: "최저주거기준"과의 비교
- ✓ 상하수도 시설
-     전용입식부엌 (음식으로의 접근성)
- ✓ 전용수세식화장실
- ✓ 목욕시설

구조부: "최저주거기준"과의 비교
- ✓ 영구건물로서의 구조강도
- ✓ 내열·내화·방열·방습에 양호한 재질

안전 기준: "최저주거기준"과의 비교
- ✓ 해일, 홍수, 산사태, 절벽의 붕괴 등 자연재해 발생의 위험성이 적음
-     안전한 전기시설 설비
-     화재 시 피난할 수 있는 구조와 설비

주거 성능: "최저주거기준"과의 비교
- ✓ 적절한 방음
- ✓ 적절한 환기
-     적절한 채광
-     적절한 난방설비

외부 환경: "최저주거기준"과의 비교
- ✓ 기준치 이하의 소음
- ✓ 기준치 이하의 진동
- ✓ 기준치 이하의 악취
- ✓ 기준치 이하의 대기오염

분실동의 5층에는 18개의 조사실과 피의자용 계단 및 승강기와 연결되는 검색실이 배치되어 있다. [중략] 18개의 조사실 내부에는 욕조, 세면대, 양변기 등 물을 사용하는 공간과 침대, 책상, 의자가 각 방마다 계획되어 있다. 욕실은 개방구조로 만들어졌으며, 주황색계열의 타일로 마감되었다. 박종철 고문사건 이후 사건 현장 이외의 욕실에서는 욕조를 없앴다.

조사실의 모든 상황은 밖에서 통제되었다. 복도에 있는 조광기를 통해 조명의 전원은 물론이고 밝기까지 조절되었다. 문마다 달려 있는 작은 렌즈는 안에서 밖을 보는 것이 아니라 밖에서 안을 감시하는 용도이다. 조사실 천장에는 감시카메라가 설치되어 있고, 3층 사무실에서 모니터링이 이루어졌다. 벽은 흡음재 역할을 하는 목재 타공판으로 둘러싸여 있다. 천장 위의 형광등은 철조망으로 보호하고, 책상과 의자도 바닥에 단단히 고정해 놓았다. 고문 도중의 돌발행동을 원천적으로 차단하기 위함이었다.

밖에서 보면 유독 5층의 창문들만이 좁고 길게 나 있는 것을 알 수 있다. 내부로 들어가면 그 이유가 분명히 드러난다. 고문에 시달리던 피해자들의 탈출이나 자해를 막기 위해, 사람 머리가 빠져나갈 수 없는 너비

구 남영동 대공분실 본관 509호 조사실: 박종철이 물고문을 받던 도중 사망한 장소. 진효숙 촬영. 민주화운동기념사업회 제공.

영화 〈남영동1985〉 중에서. 2012년 발표. 서민수 촬영.

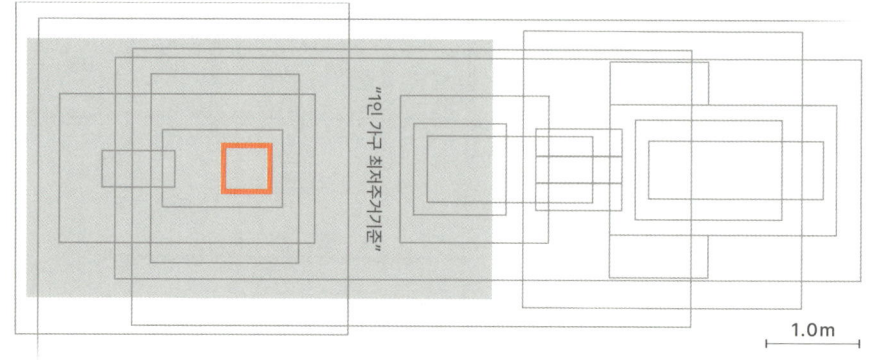

로 만든 것이다. 고문피해자들은 창문 틈으로 들어오는 빛을 보고 창밖으로 오가는 전철 소리를 들을 수 있었지만, 탈출을 할 수도, 소리를 질러 구조를 청할 수도 없었다. 1970년대에 지어졌다고는 상상하기 힘든 정교한 시설들. 그 모든 것이 단 하나의 목적을 위하여 완벽하게 설계되어 있었다.

민주인권기념관(구 남영동 대공분실) 공식 홈페이지의 설명문 중에서. 2021년, 민주화운동기념사업회 작성.

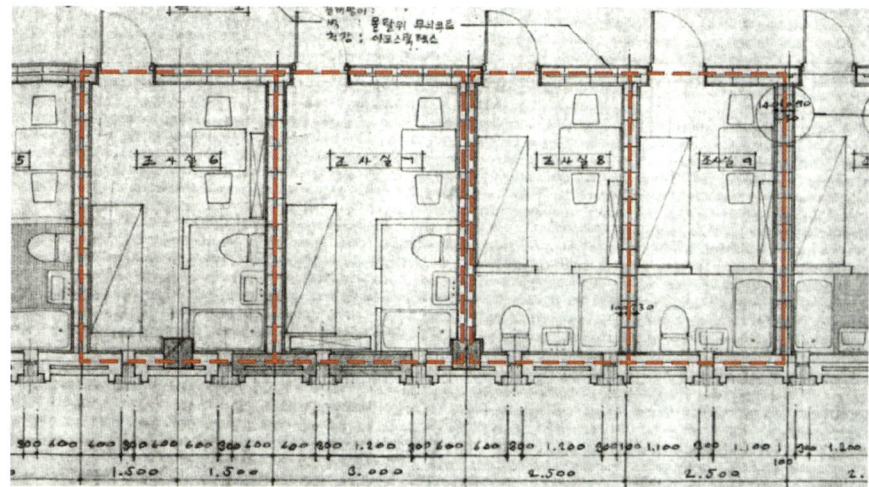

구 남영동 대공분실 본관 5층 평면 상세도. 1976년 공간연구소 작성(김수근 설계). 민주화운동기념사업회 제공.

1985년 9월 4일, 의문의 조사실로 끌려온 민주화운동가 김종태. 그가 4명의 고문경찰에게 구타를 당하며 옷이 한 벌씩 벗겨지던 중, 조사실 문이 열리더니 박 전무가 들어온다.

박 전무: 여기서 이러면 몸고생만 합니다. (김종태의 옷을 도로 입혀주며) 앉아요.

박 전무가 책상 앞에 앉고, 김종태도 머리끄덩이를 붙잡힌 채 앉혀진다. 박 전무는 책상 한 켠에 있던 수백 장의 두툼한 종이 뭉치와 볼펜을 내민다.

박 전무: 어려서부터 지금까지 살아온 이야기를 여기에 다 기록하세요. 시간은 충분히 드릴 테니까.

김종태: 하나만 물어보겠습니다. 여기가 남영동입니까?

박 전무: (씩 웃으며) 콩알 몇 개 먹고 놀았는지까지 자세히 쓰세요. 다 쓰면 여기서 나갑니다. (조사실을 나간다)

김 계장: 보소. 이거 다— 쓸 때까지 잠 못 잡니다. 밥도 없으요. 에이?

[중략]

1985년 9월 7일, 4일째. 진술서를 제출한 박종태가 의자에 앉은 채 졸고, 강 과장, 김 계장은 박종태 앞에 앉아서 〈썬데이서울〉을 보고 있다. 김 계장이 박종태의 이마에 딱밤을 놓으려고 하자,

강 과장: 야야야야야야! 그 새끼 그냥 둬라 그냥. 저저저저 사흘 동안 꼬박 졸지도 않더라. 아이그 독한 새끼.

갑자기 조사실 문이 열리고 강 과장은 급히 〈썬데이서울〉로 박종태를 후려쳐 깨운다. 진술서 뭉치와 지휘봉을 든 박 전무가 들어와서 책상 앞에 앉는다.

박 전무: 수고하셨는데… 민주화운동청년연합 의장 자리를 내놓은 걸로 끝이네요?

김종태: 네. 그 후론 별로 활동한 게 없어서.

박 전무: 후배 임형식이 알죠? 서울대 국사학과.

김종태: 네, 압니다.

박 전무: 지난달에 그 친구 만났다면서?

김종태: 우연히 만났습니다.

박 전무: "쉬면서 무슨 생각을 좀 해봐야겠다"고 했다면서?

김종태: 그랬죠.

박 전무: 무슨 생각? 바로 그 생각! (책상을 내리치며) 바로 그 생각을 내가 묻고 있는 거 아니오! 민청련 의장 사퇴한 게 다 쇼라면서? 응?

김종태: 저 그런 말 한 적 없습니다.

박 전무: (김종태의 뺨을 한 대 후려치며) 이 새끼 안 되겠어. 이사 준비해.

바로 장면이 전환되어, 옷이 벗겨지고 눈이 가려진 김종태가 고문경찰에게 붙잡힌 채 온갖 비명소리가 들리는 복도를 지나 고문실로 끌려 들어온다.

박 전무: 여기가 VIP룸이야. 말 안 듣는 꼴통 새끼들 특별 과외수업 받는 곳이지. (물고문용 욕조 앞으로 걸어가고, 김종태도 그 앞으로 끌려간다) 담궈! (그대로 김종태는 머리끄덩이를 잡힌 채 얼굴이 물 속으로 쳐박힌다)

[중략]

1985년 9월 9일, 6일째. 김종태의 두 번째 식사가 막 끝났다. 물고문 이후 김종태는 알몸 상태로 잠에 못 든 채 2차 진술서를 쓰고 있는데, 김 계장이 전화 잠깐 하고 오겠다며, 김종태 앞에서 꾸벅꾸벅 졸던 백 계장에게 일을 맡기고 고문실을 나간다.

백 계장: 저기, 김 선생. 우리 남자끼리 약속 하나만 합시다. 아니, 뭐 쟤[김 계장] 여자들한테 전화 다 때리고 오려면 한참 걸리거든요. 우리 딱 30분만 잡시다.

김종태: (당황해하며 백 계장을 바라본다)

백 계장: 아이 내가 저, 김 선생 졸게 놔두고 나 혼자 자도 되는데. 우리 서로 믿고 편안하게 30분만 잡시다.

김종태: … 감사합니다.

백 계장: 믿습니다.

하품하며 고문실 침상에 눕는 백 계장. 김종태는 이게 웬일인가 하며 멍때리는데, 고문실 문이 스르륵 열린다. 바깥의 날씨 좋은 해변에서 그의 아이들이 즐겁게 뛰놀고, 아내 인재은이 고문실 안으로 들어와서 놀란 김종태 앞에 다가와 얼굴을 쓰다듬는다.

인재은: 힘들었지?

김종태: … 도대체 저들은 나한테 뭘 원하는 거지?

인재은: 저 사람들은 당신이 거짓말을 하기를 원해.

김종태: 폭력혁명을 꿈꾸는 공산주의자? 있지도 않은 배후인물? 그래 맞아, 임형식이. 그 자식이 날 끌어들였어.

인재은: 그 사람 원망하지 마. 당신 차례가 온 것 뿐이야.

김종태: 그럼 난 어떻게 해야 하는데?

인재은: 당신이 할 수 있는 건 없어. 무모하게 버티지 마.

곳곳에서 비명소리가 서서히 들려온다. 멍한 표정의 김종태는 고개를 저으며 인재은의 품에 안긴다.

영화 〈남영동1985〉. 2012년 발표. 정지영 감독, 이대일·정상협·강민희·정지용 각본. 수필집 〈남영동〉을 원작으로 함. (김근태 작, 1987년 초판 발행)

05.
차별금지법제정연대 국회의사당 앞 단식농성 텐트

공간의 주요 수치

길이, 너비	3.0 × 3.0m
바닥 면적	9.00m² (2.7평)
높이	2.0m
수용인원	2명
1인당 면적	4.50m²/명 (1.4평/명)

시설 접근성: "최저주거기준"과의 비교
- 상하수도 시설
- 전용입식부엌 (음식으로의 접근성)
- 전용수세식화장실
- 목욕시설

구조부: "최저주거기준"과의 비교
- 영구건물로서의 구조강도
- 내열·내화·방열·방습에 양호한 재질

안전 기준: "최저주거기준"과의 비교
- ✓ 해일, 홍수, 산사태, 절벽의 붕괴 등 자연재해 발생의 위험성이 적음
- ✓ 안전한 전기시설 설비
- ✓ 화재 시 피난할 수 있는 구조와 설비

주거 성능: "최저주거기준"과의 비교
- 적절한 방음
- ✓ 적절한 환기
- ✓ 적절한 채광
- ✓ 적절한 난방설비

외부 환경: "최저주거기준"과의 비교
- 기준치 이하의 소음
- 기준치 이하의 진동
- 기준치 이하의 악취
- 기준치 이하의 대기오염

[미류] 단식 전날 (4월10일, 일요일)
내일이면 단식을 시작한다. 목숨을 걸 만큼의 용기는 모르겠지만 내 삶을 걸고 싶다는 용기를 냈다. 그 와중에 죽 맛집을 검색하는 나도 웃긴다. 하루 끼니를 모두 죽으로 먹으며 내일을 위한 마음을 챙겨보았다.

[종걸] 단식 2일 차 (4월12일, 화요일)
의원실을 방문했다. 차별금지법 제정을 위해 단식농성 시작했다는 사실을 알리고 지지 방문과 면담을 요청했다. 민주당은 대선 이후 당 쇄신 방향을 밝히며 차별금지법 제정을 약속했다. 그런 만큼 민주당 의원들에게 반드시 올봄 차별금지법이 제정돼야 한다고 전했다. [중략]

[미류] 단식 4일 차 (4월14일, 목요일)
아침에 씻으려고 보니 갈비뼈가 벌써 드러났다. 밑천 들킨 느낌. 물도 소금도 더 열심히 먹어야지.

[종걸] 단식 7일 차 (4월17일, 일요일)
낮에 이준석 국민의힘 당대표를 국회 앞에서 마주쳤다. 차별금지법 제정에 대한 입장을 묻자 "개인적 관심은 높으나 당론이 없다"라고 답했다. 민주당이 뚜렷하게 법 제정을 추진하지 않고 있으니 국민의힘은 급하지 않은 모양새다. [중략]

[미류] 단식 8일 차 (4월18일, 월요일)
아침부터 짜증이 많이 났다. 밥을 안 먹으면 사람이 예민해진다던데 이런 건가? 박홍근 더불어민주당 원내대표와 박광온 법사위원장에게 서한을 전달하러 가는 걸 막은 국회 방호과 직원들 때문일지도. [중략]

[미류] 단식 9일 차 (4월19일, 화요일)
단식투쟁을 시작한 이후 차별금지법 '반대' 피케팅을 하는 분들이 훨씬 많이 거리로 나오고 있다. 낮에는 한 분이 단식농성장 바로 앞까지 들어와 피켓을 들려고 했다. 단식자가 직접 말씀드리는 게 나을 것 같아 "다른 데로 가주십사" 부탁드렸다. 막무가내였다. 반은 이죽거리며 반은 성내는 표정을 보며 마음이 복잡했다. 적진 앞에 홀로 선 '용기'에 취한 표정이기도 했다. 용기라니, 무례함일 뿐이다.
사과받고 싶었는데, 그에게서는 아니었다. [중략] 찬성 측과 반대 측이 알아서 합의하라는 사회, '폭력'과 '불편'을 비교 가능한 것으로 만든 정치인들과 국가로부터 사과받고 싶었다.

[종걸] 단식 16일 차 (4월26일, 화요일)
…그날 밤 법사위에서는 차별금지법 공청회 계획서가 채택됐다. 일정도, 참고인도 정하지 않은 빈칸투성이 계획서다. 지난해 부산에서 서울까지 30일 동안 평등길 도보 행진을 한 뒤에 민주당은 '포괄적 차별금지법 제정 논의를 위한 토론회'를 열었다. 이번엔 30일 굶으면 공청회를 열겠다는 말인가.

[미류] 단식 21일 차 (5월1일, 일요일)
오전에 회의를 했다. 5월10일 윤석열 대통령 취임식을 앞두고 농성장을 자진 철거하라는 통보가 왔기 때문이다. 무슨 환경미화 사업도 아니고 국회 안에서 하는 취임식 때문에 국회 밖 농성장 치우라는 건 웬 말인가. '검수완박' 한다고 회기 쪼개며 4월 국회 시간을 허비한 민주당에도 화가 난다. 하지만 우아하게, 단식투쟁을 이어가야지.

[종걸] 단식 22일 차 (5월2일, 월요일)
꿈쩍 않는 국회를 향해 시민들이 동조 단식을 시작했다. 4월28일 열린 시국회의에서 급하게 요청한 건데도 국회 앞에 70여 명이 모였다. 사실 좀 놀랐다. '지금 당장' 차별금지법을 제정하라는 구호는 시민들의 명령인 셈이다. 평등을 '추앙'하는 사람들은 쉽사리 물러서지 않는다. 시민들을 쉽게 보지 마시라.

미류와 종걸, '평등의 봄' 향한 단식 농성 일기
시사in, 2022년 5월 13일

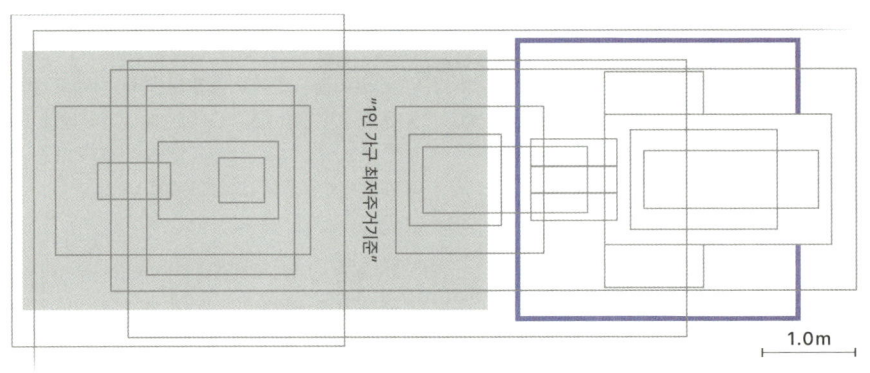

제3조(금지대상 차별의 범위)

① 이 법에서 차별이란 다음 각 호의 어느 하나에 해당하는 행위 또는 경우를 말한다.

1. 합리적인 이유 없이 성별, 장애, 나이, 언어, 출신국가, 출신민족, 인종, 국적, 피부색, 출신지역, 용모 등 신체조건, 혼인여부, 임신 또는 출산, 가족 및 가구의 형태와 상황, 종교, 사상 또는 정치적 의견, 형의 효력이 실효된 전과, 성적지향, 성별정체성, 학력(學歷), 고용형태, 병력 또는 건강상태, 사회적신분 등(이하 "성별등"이라 한다)을 이유로 다음 각 호의 어느 하나의 영역에서 특정 개인이나 집단을 분리·구별·제한·배제·거부하거나 불리하게 대우하는 행위

    가. 고용(모집, 채용, 교육, 배치, 승진·승급, 임금 및 그 외 금품 지급, 자금 융자, 정년, 퇴직, 해고 등을 포함한다)
    나. 재화·용역·시설 등의 공급과 이용
    다. 교육기관 및 직업훈련기관에서의 교육·훈련이나 이용
    라. 행정서비스 등의 제공이나 이용

2. 제1호 각 목의 영역에서 외견상 성별등에 관하여 중립적인 기준을 적용하였으나 그에 따라 특정 집단이나 개인에게 불리한 결과가 초래된 경우

3. 제1호 각 목의 영역에서 성적 언동이나 성적 요구로 상대방에게 피해를 주거나 피해를 유발하는 환경을 조성하는 행위, 또는 그러한 성적 요구에 불응을 이유로 불이익을 주거나 그에 따르는 것을 조건으로 이익 공여의 의사 표시를 하는 행위

4. 제1호 각 목의 영역에서 성별등을 이유로 적대적·모욕적 환경을 조성하는 등 신체적·정신적 고통을 주어 인간의 존엄성을 침해하는 행위

5. 합리적인 이유 없이 성별등을 이유로 특정 개인이나 집단에 대한 분리·구별·제한·배제·거부 등 불리한 대우를 표시하거나 조장하는 광고 행위

6. 2가지 이상의 성별등 차별금지사유가 함께 작용하여 발생한 제1호부터 제5호까지의 행위

② 제1항에도 불구하고 다음 각 호의 어느 하나에 해당하는 정당한 사유가 있는 경우에는 차별로 보지 아니한다. 제1항제6호의 경우 다음 각 호의 정당한 사유는 차별의 원인이 된 모든 사유에 각각 존재하여야 한다.

1. 특정 직무나 사업수행의 성질상 그 핵심적인 부분을 특정 집단의 모든 또는 대부분의 사람들이 수행할 수 없고, 그러한 요건을 적용하지 않으면 사업의 본질적인 기능이 위태롭게 된다는 점이 인정되는 경우. 다만, 과도한 부담 없이 수용할 수 있는 경우에는 그러하지 아니하다.

2. 현존하는 차별을 해소하기 위하여 특정한 개인이나 집단을 잠정적으로 우대하는 행위와 이를 내용으로 하는 법령의 제정·개정 및 정책의 수립·집행에 해당하는 경우

〈차별금지법안〉(국회의원 장혜영 발의안)
2020년 6월 29일 발의

SBS 〈8뉴스〉, 2022년 5월 25일, "45일째 단식에 15년 만의 차별금지법 첫 공청회" 중에서. 조춘동·양두원 촬영.

시사in, 2022년 5월 13일: 765호, "미류와 종걸, '평등의 봄' 향한 단식 농성 일기" 중에서. 이명익 촬영.

"야위어 가는 몸을 걱정해주시는 분들께 더 이상 지켜보고 함께 해달라고 요청드릴 수가 없습니다. 국회는 미안해할 줄도 모르는데, 미안할 이유가 없는 시민들께 그 인사를 받을 염치가 제게는 없습니다. 마음 아프게 해드려 죄송하고 또 고맙습니다. 아픔 없이 응시하기 어려운 이 시간들을 외면하지 않았던 여러분들이 저를 살려주셨습니다. 고맙습니다." 차별금지법 제정을 촉구하며 46일 동안 단식으로 싸워온 차별금지법제정연대(차제연) 책임집행위원 미류가 기자회견 도중 울먹였습니다. [중략]

900여 명의 시민들이 동조단식에 참여했고, 712개 단체 5735명의 사람들이 이들의 투쟁에 서명으로 함께했습니다. 단식농성 39일차이던 지난 19일 이종걸 활동가는 건강 악화로 앞서 단식을 중단해야 했습니다.

미류, '차별금지법' 46일 단식 종료…
"평등의 봄은 이미 시작됐다"
한겨레, 2022년 5월 26일

06.
대우조선해양 하청 노동자의 파업 농성용 "감옥" 구조물

공간의 주요 수치

길이, 너비	1.0 × 1.0m
바닥 면적	1.00m² (0.3평)
높이	1.0m
수용인원	1명
1인당 면적	1.00m²/명 (0.3평/명)

시설 접근성: **"최저주거기준"과의 비교**
- 상하수도 시설
- 전용입식부엌 (음식으로의 접근성)
- 전용수세식화장실
- 목욕시설

구조부: **"최저주거기준"과의 비교**
- 영구건물로서의 구조강도
- 내열·내화·방열·방습에 양호한 재질

안전 기준: **"최저주거기준"과의 비교**
- 해일, 홍수, 산사태, 절벽의 붕괴 등 자연재해 발생의 위험성이 적음
- 안전한 전기시설 설비
- 화재 시 피난할 수 있는 구조와 설비

주거 성능: **"최저주거기준"과의 비교**
- 적절한 방음
- ✓ 적절한 환기
- ✓ 적절한 채광
- 적절한 난방설비

외부 환경: **"최저주거기준"과의 비교**
- 기준치 이하의 소음
- 기준치 이하의 진동
- 기준치 이하의 악취
- 기준치 이하의 대기오염

대우조선해양 옥포조선소 제1도크에서 건조 중인 초대형 원유 운반선 화물창에는 조선업 하청노동자 7명이 지난 21일부터 자리를 지키며 농성을 하고 있다. 28일로 처우 개선을 요구하며 파업에 돌입한 지 벌써 27일째다. 민주노총 금속노조 거제·통영·고성 조선하청지회 유최안 부지회장은 화물창 바닥에 가로·세로·높이 1m 크기 철 구조물을 안에서 용접해 자신을 스스로 가뒀다. 나머지 6명은 10m 높이의 난간에 올랐다.

28일 조선업계 관계자들은 대우조선해양 하청지회 파업에 대한 〈한겨레〉 질문에 한결같이 답답한 마음을 토로했다. 하청지회가 진수를 앞둔 선박을 점거하면서 파업이 장기화할 조짐을 보여서다. 금속노조 관계자는 "화물창 안으로 들어간 7명을 쉽게 빼내기 어려운 상황이다. 만약 강제력을 동원해 조처를 하려 한다면 원청 관리자든 하청 조합원이든 최악의 상황까지 염두에 둬야 할 거다. 쉽지 않은 문제"라고 말했다.

하청지회가 내세운 파업의 근거는 열악한 처우 개선이다. 김형수 하청지회장은 "경력이 20년이 넘는 숙련 하청노동자들까지도 고된 업무에도 월 300만원 미만을 받는 경우가 대부분이다. 경력 15년차 직원의 원천징수를 떼어보니 2014년 4974만원을 받았는데, 2021년에는 3429만원으로 오히려 줄었다"고 말했다. 이들은 임금 30% 인상을 요구하고 있다.

하청 노동자는 우리나라 조선산업을 지탱하는 주요 인력이다. 하지만 2015년 말 13만3346명에 달했던 조선업 하청 인력은 2022년 2월 기준 5만1854명으로, 절반 이하로 줄었다. 2016~17년 구조조정 때 하청 숙련공들이 대거 조선소를 떠났다. 지난해 조선업계가 대규모로 수주한 선박 물량이 이르면 하반기부터 건조에 들어가는데, 떠난 하청 숙련공들이 돌아올 생각을 하지 않고 있다. 이들 대부분이 업무 강도가 낮고 월급이 더 많은 육지 건설업종에 자리잡아서다.

[중략] 조선소 안에서 파업을 벌이던 하청지회는 지난 21일 도크에서 건조 중인 유조선 화물창에 들어갔다. 회사 쪽 인력과의 접촉을 피하기 위해서였다고 한다. 강 지회장은 "처음엔 조선소 내에 투쟁 거점을 마련했는데, 회사 쪽 직원들이 폭력적으로 나왔다. 한 여성 노동자는 요추뼈 골절을 당했다"며 "폭력을 유도해 공권력을 투입할 명분을 쌓으려 한 것이다. 화물창 안으로 들어올 수밖에 없었다"고 말했다.

이들이 선박을 점거하면서 지난 18일 진수될 예정이었던 초대형 유조선은 향후 일정을 소화하지 못하게 됐다. 제1도크에는 완성된 유조선 2척과 반쪽짜리 유조선 2척이 들어간다. 도크에 물을 채우면 4척이 모두 떠오르고, 완성된 유조선이 바다로 나간다. 이들의 점거 농성으로 도크에 바닷물을 채울 수 없는 상황이다.

회사 쪽은 하청대금을 올려줄 상황이 못된다는 입장이다. 선박 진수가 지연되면서 되레 수백억원의 손실을 보고 있다고 항변한다. 대우조선해양 쪽은 "아직 부채비율이 500%에 달한다. 수주를 많이 한 건 사실이지만, 본격적으로 수익이 나려면 시간이 더 필요하다"고 말했다. [중략]

결국 해결의 열쇠는 [대우조선해양의 경영정상화 관리를 맡고 있는 최대주주인] 산업은행이 쥐고 있다는 지적이 나온다. 회사가 자체적으로 문제를 풀어내기엔 이미 사태가 너무 커졌다는 시각이다. 금속산업

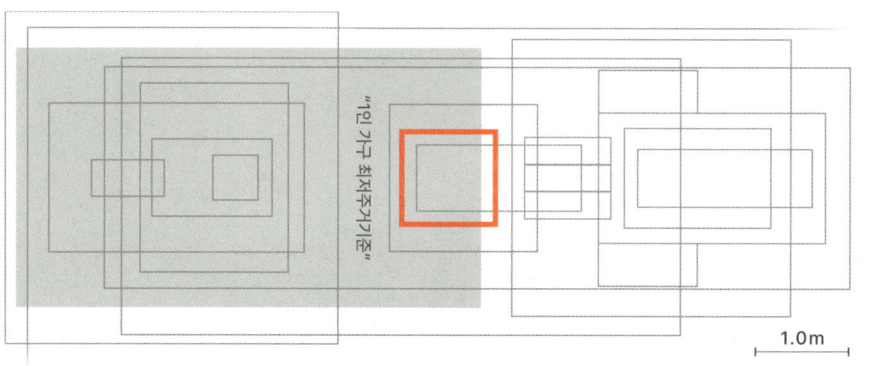

1.0m

연맹 위원장 출신인 백순환 더불어민주당 거제지역위원장은 "어차피 선박을 건조하려면 (하청 노동자가 부족해서) 하청 단가를 인상해줘야 하는 상황"이라며 "대우조선해양 경영진이 자체적으로 판단하기엔 어려운 상황이다. 경영진이 선택의 폭을 넓힐 수 있도록 산업은행이 물꼬를 터줘야 한다"고 말했다.

가로×세로 1m 철창에서 28일…
"파업 대가는 요추뼈 골절이더라"
한겨레, 2022년 6월 29일

■ 인력난 해소 방안은 임금 인상

조선업 인력난 해소의 열쇠는 결국 임금 인상이다. 이는 노동자만의 목소리가 아니다. 변광용 거제시장은 지난 3월 31일 기자회견을 열고 양대 조선소에 저임금 구조 개선과 하청단가 인상을 제안했다. 변 시장은 "지금과 같은 임금 및 단가 수준으로는 숙련노동자를 지키기도, 새로운 인력을 유입시키기도 어렵다"고 말했다. 지자체장이 노사교섭의 영역인 임금 문제를 언급하고 나섰다는 자체가 이례적이다. 그만큼 임금 인상이 절실한 상황이라는 걸 보여주는 대목이다.

변 시장은 지난 4월 4일 MBC경남 라디오 '좋은아침'에도 출연해 [중략] "거제시도 지원을 할 테니 핵심인 임금에 대해선 양대 조선소가 결단을 해달라"고 호소했다.

빅3를 포함한 조선업체들은 아직 임금 인상 요구에 대한 명확한 답을 내놓지 않고 있다. 수주량이 늘고 한국 조선업 주력 선종인 LNG 운반선·초대형 원유 운반선(VLCC) 등의 선가도 회복세를 보이고 있는 점은 임금 인상에 긍정적 신호다. 하지만 선박 건조의 필수 소재인 후판 가격 상승이라는 복병이 나타났다. 2017년 t당 60만원이던 후판 가격은 2018년 이후 t당 70만~80만원 수준이었다. 그런데 후판 재료인 철광석 가격이 급등하면서 지난해 후판 가격은 t당 110만~115만원 수준으로 뛰어올랐다. 후판 비용은 선박 제조비용의 20%가량을 차지하는 만큼 조선업체로선 수익성에 큰 타격을 입을 수밖에 없다. [중략]

■ 인력난 해소 단기 처방만 보여

정부는 급한 불을 끄기 위해 조선소에 이주노동자를 추가로 투입하기로 했다. 산업통상자원부와 법무부는 지난 4월 19일 용접공·도장공에 대해 운영해온 쿼터제를 폐지했다. 기존에는 외국인 용접공은 총 600명, 도장공은 연간 300명만 고용할 수 있었지만 앞으로는 용접공·도장공을 4428명까지 고용할 수 있게 됐다. 산업부는 "용접공·도장공의 임금요건을 전년도 1인당 GNI(국민총소득)의 80% 이상(2021년 연 3219만원)으로 통일해 무분별한 저임금 외국인 인력 고용을 방지하겠다"고 밝혔다.

노동계는 이 대책을 "언 발에 오줌 누기"라며 비판하고 있다. 김태정 금속노조 정책국장은 "조선소 노동시장에 국내의 젊은 노동자들을 진입시켜 숙련노동자로 만들고 이를 바탕으로 한국 조선산업의 기술력을 향상시켜야 한다. 임금과 노동강도 등의 문제로 신규 인력이 들어오지 않자 이주노동자를 대신 투입하겠다는 건 단견"이라고 지적했다. 특히 이주노동자들은 언어 장벽 때문에 숙련도를 빨리 높이기 어렵고 중대재해에 노출될 가능성도 크다.

조선소 사내 하청업체들은 주 52시간(연장근로 12시간 포함)을 무력화하는 방식으로 인력난에 대응하려는 움직임을 보이고 있다. 현대중공업 사내협력회사협의회는 최근 주 52시간 상한제 철회를 위해 하청노동자들에게 서명을 받고 있다. 금속노조 현대중공업 사내 하청지회는 "저임금에 시달리는 하청노동자들이 노동시간을 늘려 임금을 높이고 싶은 심리를 이용하려는 의도"라고 짚었다. 오민규 노동문제연구소 '해방' 연구실장은 "애초에 근시안적 대책으로 조선업 불황 시 숙련공 이탈을 방치한 게 문제였다. 또다시 현재의 인력난을 미봉책인 장시간 노동으로 해결하려 한다면 숙련공 부족 상태에서 중대재해 위험이 커질 게 분명하다"며 "근본적인 대책은 경기변동 여부와 무관하게 숙련 인력을 최대한 유지할 수 있는, 정부 차원의 장기적 고용 플랜"이라고 말했다.

김형수 거통고하청지회장은 올해 여름이 조선업 인력난의 분수령이 될 것으로 전망했다. "조선소 하청노동자들이 조선소를 떠날지 계속 다닐지 결정해야 하는 순간이 다가오고 있는 것 같다. 노조에서 하청노동자들을 만나보면 떠나려는 분들이 더 많았다. 더 이상 희망을 찾을 수 없기 때문이다. 임금이 인상되지 않으면 여름휴가를 전후로 사람들이 많이 이탈할 것 같다."

일감 느는데 일손 달리는 조선소…
'저임금'이 문제다
경향신문, 2022년 4월 30일

전국금속노동조합 선전홍보실 제공 영상. KBS 뉴스, 2022년 7월 8일, "건조 선박 3주째 점거 농성…대우조선 '비상경영'" 중에서.

07.
기아자동차 준중형 SUV "스포티지" 탑승칸과 트렁크

공간의 주요 수치

길이, 너비	2.76 × 1.62m
바닥 면적	4.47m² (1.4평)
높이	1.41m
수용인원	6명
1인당 면적	0.75m²/명 (0.2평/명)

시설 접근성: "최저주거기준"과의 비교

    상하수도 시설
    전용입식부엌 (음식으로의 접근성)
    전용수세식화장실
    목욕시설

구조부: "최저주거기준"과의 비교

    영구건물로서의 구조강도
    내열·내화·방열·방습에 양호한 재질

안전 기준: "최저주거기준"과의 비교

✔ 해일, 홍수, 산사태, 절벽의 붕괴 등 자연재해 발생의 위험성이 적음
✔ 안전한 전기시설 설비
✔ 화재 시 피난할 수 있는 구조와 설비

주거 성능: "최저주거기준"과의 비교

✔ 적절한 방음
✔ 적절한 환기
✔ 적절한 채광
✔ 적절한 난방설비

외부 환경: "최저주거기준"과의 비교

    기준치 이하의 소음
    기준치 이하의 진동
    기준치 이하의 악취
✔ 기준치 이하의 대기오염

We will move.
지금, 당신을 움직이는 것은 무엇인가요?
멈추었던 일상은 새로운 출발로, 기다림은 설레는 시작으로 이어집니다. 스포티지와 함께 새로움을, 모험을, 축제를 향해 나아가세요. 발견의 즐거움이 기다립니다.
궁금한 그곳으로, 나를.
Discover your world,
The all-new Sportage.

The Futuristic Move
열린 마인드가 새로운 감각을 만든다.
과거의 나에 얽매이지 않습니다. 나의 의지대로 창조하고 디자인하는 일상, 스포티지와 함께 열어갑니다.

퀼팅 패턴과 스웨이드 소재를 사용한 가죽시트, 우드 그레인과 앰비언트 라이트가 조화를 이루는 실내는 프리미엄 공간의 품격과 감성이 느껴집니다.

도심과 아웃도어 어디서나 어울리도록 다재다능하게 설계된 공간은 새로운 경험을 제시합니다. 배려 넘치는 세심한 기능으로 가득찬 스포티지의 공간은 한층 여유로운 라이프스타일을 완성합니다.

기아자동차의 "스포티지" 공식 카탈로그 중. 2022년 7월 1일 발행본.

기아자동차의 "스포티지" 공식 카탈로그 중. 2022년 7월 1일 발행본. 촬영·제작자 미상.

영화 〈로지Rosie〉 한국 개봉 메인 예고편 중에서. 2019년 제작. 카달 워터스Cathal Watters 촬영.

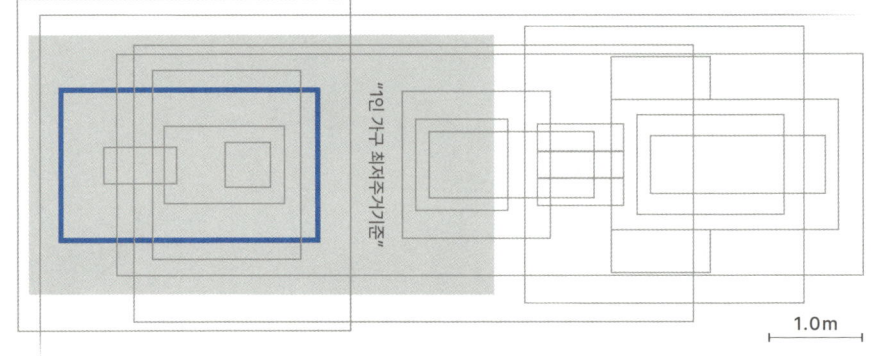

1.0m

뉴스 나레이터 1: 주택 물량 부족과 임대료 급상승으로 민간 임대주택에서 쫓겨나는 저소득층 가구가 급증하고 있습니다.

뉴스 2: 노숙자 구호 단체에 따르면 아일랜드의 홈리스 가구 증가율은 유럽 최고 수준으로…

뉴스 3: 수백 가구가 긴급 거처를 찾고 있지만 이들을 받아주는 호텔은 턱없이 부족합니다. 이에 구호 단체들은…

배우 크레딧이 나온다. 빗방울이 맺힌 SUV 차량 창문, 뒷좌석에 앉은 아이들이 김 서린 창문에 낙서하는 장면이 중간중간 나온다.

로지: 안녕하세요. 방을 찾고 있는데요. …패밀리룸이요. …아니요, 1주일 정도… (전화가 끊긴다)

안녕하세요. 방을 찾고 있는데요. …며칠 정도구요, 패밀리룸으로요. 더블린 시영 신용카드로 결제하려고요. 사용할 수 있는 곳 목록 보고 전화했는데요.

안녕하세요. 며칠 묵을 방을 찾는데요. …여섯 명이요. 시청에서 준 목록 보고 전화했는데… 네 알겠습니다.

안녕하세요. 며칠 묵을 방을 찾는데요. 패밀리룸이요. 네네, 시영 신용카드요. …하루짜리 방도 없나요?

제목 "로지Rosie"가 나오고 장면 전환. 로지가 운전석에 앉아 창문에 서린 김을 닦으며 통화를 하고, 뒤에 앉은 넷째 아이 매디슨, 셋째 알피, 둘째 밀리가 시끄럽게 논다. 조수석에 앉은 첫째 케일리는 굳은 표정으로 숙제를 한다.

로지: (뒤를 바라보며) 쉿, 조용하랬지! (전화를 받고) 안녕하세요. 1주일 정도 묵을 방을 찾는데요. …뭐라고 하셨죠? …패밀리룸이요.

알피: 둘 다는 안돼! 이건 내 거야!

로지: 죄송해요, 잘 안 들리네요.

밀리: 태블릿 내놔!

로지: 아뇨. 더블린 시영 신용카드요. 사용할 수 있는 곳 목록에 있던데요.

매디슨: 엄마가 나 주랬어.

알피: 아냐, 엄마는 쉿 하랬어!

로지: (뒤를 향해) 쉿 하랬어. (전화로) 지금 집을 구하는 중이라서 며칠만…

[중략]

간신히 하루짜리 방을 찾아 여섯 가족이 함께 묵은 다음 날. 아침부터 남편과 함께 급하게 아이들을 챙겨 등교시킨 로지는 하교 시간에 맞춰 다시 학교로 간다. 매디슨과 알피를 먼저 SUV에 태우고 오늘따라 말없이 나오는 밀리까지 데려와서 출발하려는데, 밀리의 담임선생님이 SUV까지 찾아와서 로지에게 면담을 청한다. 선생님은 세 자녀를 교무실 앞에서 놀게 하고, 로지를 교무실로 안내한다.

로지: 앞으로 아이들 제때 보내겠습니다.

선생님: 지각은 괜찮습니다. 어머님, 혹시 요즘 차 안에서 지내시나요?

로지: … 이사했거든요.

선생님: 주제넘는 말씀이지만…

로지: 아닙니다. 이사 시기가 붕 떠서요.

선생님: 차 트렁크에 옷가지가 많길래요.

로지: 매번 다른 집에서 신세 지다 보니 차에 짐이 가득해요. 잠깐 그러는 거예요. 다음 주면 끝나요.

선생님: 그럼 곧 해결되는 거죠?

로지: 그럼요. 해결돼요.

선생님: 다행이네요. 아까 운동장에서 일도 그렇고…

로지: "운동장에서 일"이라뇨?

선생님: … 아직 밀리가 말하지 않았군요.

로지: 밀리가 왜요?

선생님: 음… 사실, 요즘 몇몇 여학생들이 밀리를 어떻게 부르냐면…

로지: 어떻게 부르는데요?

선생님: … "냄새나는smelly 밀리"라고요.

로지: … 네?

선생님: 밀리를 그렇게 놀리고 있어요.

로지: 밀리는 냄새나지 않아요.

선생님: 그럼요, 어머님…

로지: (정색하며) 우리 애들은 냄새 하나도 안 나요. 제가 항상 신경 써서 깨끗이 씻긴다고요. (정적 후 벌떡 일어서며) 학생들이 그런 소리 못 하게 해야죠! 그동안 학교에선 대체 뭘 한 거예요?

선생님: 저희도 심각하게 보고 있어요.

로지: 우리 딸은 냄새 안 나요.

선생님: 그럼요. 어머님은 좋은 부모예요…

로지: (비아냥거리며) 말씀 참 좋네요. 상장이라도 하나 써 주시나요? (울면서 주저앉아) … 죄송합니다. (손으로 얼굴을 덮고 울음을 참다가, 다시 담담하게 굳은 표정으로) … 어떻게 애들이 그런 말을 하게 놔둘 수 있죠?

선생님: 방치하지 않습니다. 정말요. 학교 차원에서 나서서 대응할 거예요. 필요한 조치를 취하고 있습니다.

로지: (울음을 참으며) 그래요? 알겠습니다. 그만 일어나야겠어요. 케일리를 데리러 갈 시간이라서요. 오늘은 저희 친정 어머니 댁에서 자요.

선생님: 케일리는 새 학교 잘 다니나요?

로지: …네! 그럼요. 아주 좋아해요. 수업도 다양하게 열린다고 하고.

선생님: 안부 전해주세요.

로지: 그러겠습니다.

로지가 세 자녀를 데리고 다시 운동장을 가로질러 SUV로 향한다. 도착하자마자 로지는 밀리의 옷을 갈아입힌다. 갈아입는 동안 고개 숙인 밀리와 애써 담담한 표정을 짓는 로지는 한참이나 말이 없다.

영화 〈로지Rosie〉. 패디 브레스내치Paddy Breathnach 감독, 로디 도일Roddy Doyle 각본. 2018년 발표.

영화 〈로지Rosie〉 한국 개봉 메인 예고편 중에서. 2019년 제작. 카달 워터스Cathal Watters 촬영.

08.
일본 도쿄 신주쿠구 소재 넷카페의 1인실

공간의 주요 수치

길이, 너비	1.6 × 1.6m
바닥 면적	2.56m² (0.8평)
높이	1.9m (업소마다 다름)
수용인원	1명
1인당 면적	2.56m²/명 (0.8평/명)

"네티즌 17호": [일본에서 1991년 버블 경제가 붕괴된 이후 쓰였던] "잃어버린 10년"이라는 말은 그래도 희망적인 말이었어요. "10년이나 잃어버렸네? 다시 뭔가 찾겠지." 라는 거잖아요. 설마 잃어버린 15년, 20년이 될 줄은 몰랐죠. "혹시 희망이 없는 것 아닌가?" 하는 시점까지 온 거죠. 그런 상황에서 일본은 – 이런 말을 하면 좀 그렇지만 – 처음으로 "아, 일본에 가난한 사람들이 있구나" 라는 것을 경험하게 됩니다.

유승균 PD: 전후 세대들이 처음으로.

"네티즌 17호": 2006년 7월에 NHK가 "워킹 푸어: 아무리 일해도 풍족해지지 않는다" 라는 다큐멘터리를 방송해요.

윤세민 에디터: 저는 아까부터 계속 누가 제 얘기 또는 제 머리 속에서 있던 얘기를 해주는 것 같아요. 굉장히 소름 돋게.

유승균 PD: 왜냐면 한국도 이 개념이 나오기 직전이다. 대중화되기 직전이다.

윤세민 에디터: 가난에 대한 개념을 말씀하셨을 때 굉장히 놀랐거든요. 왜냐하면 제가 요즘 주목하고 있는 논의 중의 하나가, 지금 한국 사회의 시스템이 가난을 은폐하고 있다는 지적들이 있어요. 시각적으로나 시스템적으로나. 저도 그런 지적에 주목하고 있는 중인데. 그렇다면 저희가 아까부터 말씀드린 대로라면, 곧 가난을 인식할 세대가 나올 순서네요.

유승균 PD: 왜냐면 아직 인식을 못 했다고 저도 확신을 가지는 게, 아직 정확히 이 포인트를 콕 집어내지 못했어요. '88만원 세대'라는 단어와 '헬조선'이라는 단어, '흙수저'라는 단어는 이걸 정확히 지적하지 못해요. 일의 가치가 떨어진 시대, 일의 가치가 없어진 시대라는 거.

[중략]

"네티즌 17호": 2006년 7월에 방영된 NHK의 "워킹 푸어". "워킹 푸어"라는 게 굉장히 상징적인 단어였습니다. 일을 하는데 가난하다는 거에요. 50년대 60년대를 그린 드라마에서 흔히 말하는 – 정치적으로 올바른 말은 아닙니다만 – '거지'라는 단어를 쓰는 빈곤층 있잖아요. 구걸을 하고 다니고 해어진 옷을 입고 다니는. 그게 아니라는 거에요. 일을 하는데 가난하다는 거에요. 내가 지금 일을 하고

시설 접근성: "최저주거기준"과의 비교
- ✓ 상하수도 시설
- ✓ 전용입식부엌 (음식으로의 접근성)
- ✓ 전용수세식화장실
- ✓ 목욕시설

구조부: "최저주거기준"과의 비교
- ✓ 영구건물로서의 구조강도
- ✓ 내열·내화·방열·방습에 양호한 재질

안전 기준: "최저주거기준"과의 비교
- ✓ 해일, 홍수, 산사태, 절벽의 붕괴 등 자연재해 발생의 위험성이 적음
- ✓ 안전한 전기시설 설비
- ✓ 화재 시 피난할 수 있는 구조와 설비

주거 성능: "최저주거기준"과의 비교
- 적절한 방음
- ✓ 적절한 환기
- 적절한 채광
- ✓ 적절한 난방설비

외부 환경: "최저주거기준"과의 비교
- 기준치 이하의 소음
- ✓ 기준치 이하의 진동
- ✓ 기준치 이하의 악취
- ✓ 기준치 이하의 대기오염

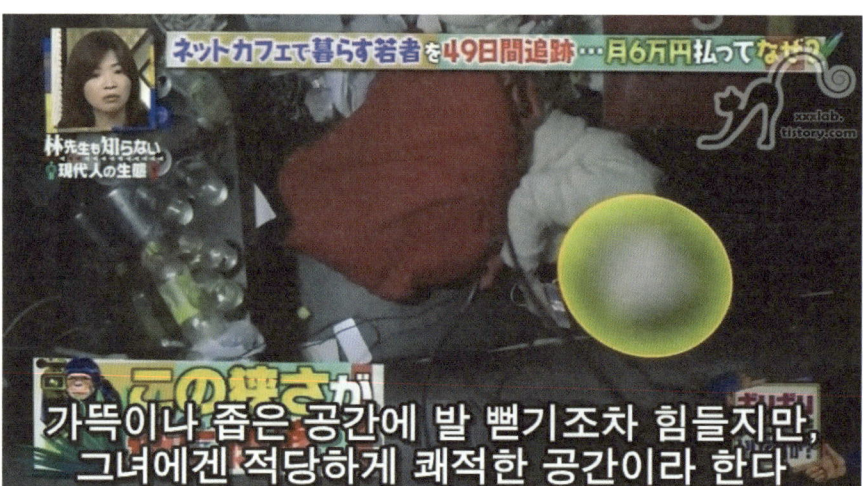

티스토리 블로그 '완전감각 연구소'의 2016년 7월 1일 게시글 "열도의 넷카페에서 생활하는 사람들"에 수록된 일본 방송 자막 컨텐츠. 방송 원전을 확인하지 못함.

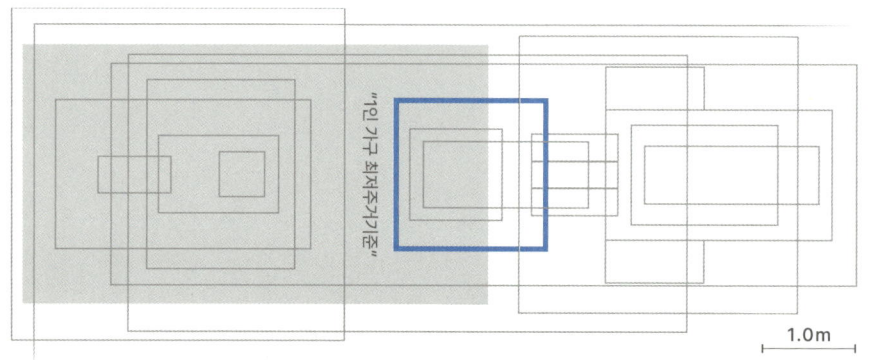

1.0m

있고 수입이 들어오는데 가난하다. 그래서 NHK가 4가지 케이스를 발굴합니다.

첫 번째 케이스. 일자리를 찾기 위해서 도쿄에 왔는데. "파견업체 직원"이라고 일본에서는 보통 부릅니다. 그러니까 비정규직으로 이 일 하고 저 일 하는 거에요. "오늘은 저기 가서 이삿짐센터 도와주세요. 내일은 저기 가서 사무실 개장한다는 데 컴퓨터 설치해주세요."

윤세민 에디터: 우리나라로 치면 아침에 인력시장에 나가는 것과 비슷하네요.

유승균 PD: 네. 우리 고정관념 속의 일용직. 방송 출연 일용직 이런 거 말고.

"네티즌 17호": 그런 일용직을 하다가 그걸 전전하고 전전하다 방세를 못 내게 되어서 홈리스가 된 거예요. 홈리스가 된 30대 청년이 이 다큐멘터리에 나옵니다.

유승균 PD: 아, 스무스하네요. 일을 계속 하다가 살 수도 없게 된.

윤세민 에디터: 그러게요. 놀지 않았는데.

"네티즌 17호": 놀지 않았는데. 그리고 이즈음에서, NHK가 일본의 공영방송이잖습니까? NHK가 이걸로 첫 스타트를 끊은 다음에 굉장히 비슷한 다큐멘터리들이 많이 나왔는데요. 제가 "홈리스"라는 표현을 쓴 이유는 노숙자랑은 좀 달라서 그래요. 집은 없는데, 길에서 자는 건 아니에요. 이 친구들이 어디로 가느냐? 인터넷 카페("넷카페")로 가요.

윤세민 에디터: 아, 저는 캡슐호텔을 말씀하실 줄 알았는데 더 싼 데로 가네요.

"네티즌 17호": 더 싼 데로 가죠. 인터넷 카페로 가는 이유가, 컴퓨터가 있잖아요. 거기서 일을 찾는 거에요.

윤세민 에디터: 아, 일을 찾아야 하니까.

"네티즌 17호": 그래서 "인터넷 카페 난민"이라는 표현을 씁니다. 인터넷 카페는 한국의 PC방에다가 좀 더 푹신푹신한 의자와 개인용 공간 비슷한 것을 만들어둔 일본식 PC방이라고 생각하시면 되는데. 일단 '개인실' 개념이 있으니까요.

윤세민 에디터: 그 공간을 그리는 야한 만화를 봤어요.

유승균 PD: 그렇겠죠.

윤세민 에디터: 죄송합니다.

유승균 PD: 어디는 안 그리겠습니까. (웃음)

윤세민 에디터: 아 맞아요. 거기서 정확히 말씀하신 배경에서 - 자꾸 야한 만화 예로 들어서 죄송하지만 - 그 배경이었어요.

"네티즌 17호": 그게 한때 일본의 큰 사회문제였으니까요.

윤세민 에디터: 남녀 둘 다 그 신세였어요.

유승균 PD: 아-!

"네티즌 17호": "인터넷 카페 난민"이라는 신조어가 나오죠. 인터넷 카페 난민이 왜 문제가 되느냐하면. 한국의 고시원보다도 훨씬 공간이 좁죠. 컴퓨터가 있고, TV가 있으면 좋고, 그 다음에 푹신한 의자가 있는 개인실을 한국의 PC방 정액권 끊듯이 10시간, 5시간 단위로 끊어요. 그래서 거기서 일을 찾습니다. 아까 말씀드린 일용직을. 찾아서 일이 들어오면 휴대폰으로 일자리를 받아서 거기 일을 가요.

일본식 인터넷 카페는 200엔이나 300엔 정도를 내면 샤워할 수 있는 샤워 공간이 마련되어 있어요. 그리고 정액제를 끊으면 많은 경우에 "소프트 드링크"라고 하는 탄산음료를 무제한으로 마실 수 있어요. 물과 설탕이 공급되고 위생이 확보되는 거에요. 이게 선진국의 무서운 점이죠. 굶어 죽기 어려워요. 가난은 한데. 가난은 한데 굶어 죽기 어려워요.

유승균 PD: 네, 정확한 의미네요. 물과 설탕을 주고, 푹신한 곳을 준다.

"네티즌 17호": 최소한의 위생이 확보되고. 2~300엔 내면 샤워를 할 수 있거든요. 그 다음에 일본에는 "코인 란도리"라고 해서 자기가 세탁기에 돈 넣어가지고 세탁할 수 있는 시설이 굉장히 많습니다. 옷도 빨 수 있어요.

정해진 주소는 없는데, 인터넷 카페의 한 객실을 차지하고 거기서 일을 받으면서 먹고 사는 청년들이 굉장히 많이 늘어납니다. 이걸 "인터넷 카페 난민"이라고 부르고 한동안 일본의 사회문제였는데. 이것과 유사한, 30살인데 홈리스인 청년 1명을 일단 발굴합니다.

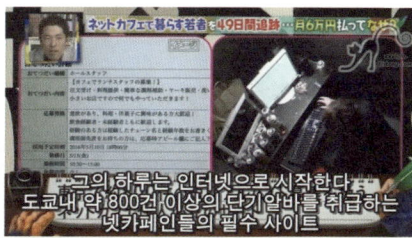

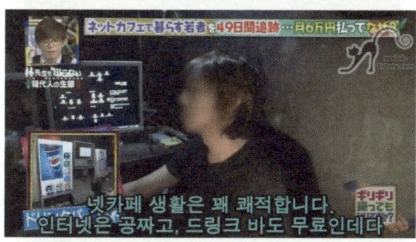

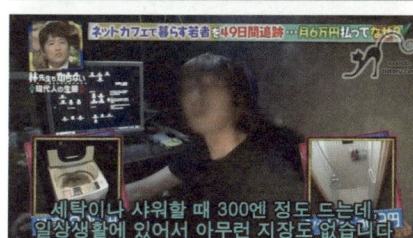

팟캐스트 〈그것은 알기 싫다〉 195b화 "아카기 토모히로의 노력의 결과에 관한 기묘한 이야기" XSFM, 2016년 10월 7일

09.
"공중화장실 등에 관한 법률 시행령"에 의한 한국 대변기 칸막이 최소 규격 (2018. 1. 1 기준)

공간의 주요 수치

길이, 너비	1.3 × 0.85m
바닥 면적	1.11m² (0.3평)
높이	1.9m (제작업체마다 다름)
수용인원	1명
1인당 면적	1.11m²/명 (0.3평/명)

시설 접근성: "최저주거기준"과의 비교
- ✓ 상하수도 시설
-    전용입식부엌 (음식으로의 접근성)
- ✓ 전용수세식화장실
-    목욕시설

구조부: "최저주거기준"과의 비교
- ✓ 영구건물로서의 구조강도
- ✓ 내열·내화·방열·방습에 양호한 재질

안전 기준: "최저주거기준"과의 비교
- ✓ 해일, 홍수, 산사태, 절벽의 붕괴 등 자연재해 발생의 위험성이 적음
- ✓ 안전한 전기시설 설비
- ✓ 화재 시 피난할 수 있는 구조와 설비

주거 성능: "최저주거기준"과의 비교
-    적절한 방음
- ✓ 적절한 환기
-    적절한 채광
-    적절한 난방설비

외부 환경: "최저주거기준"과의 비교
-    기준치 이하의 소음
- ✓ 기준치 이하의 진동
-    기준치 이하의 악취
- ✓ 기준치 이하의 대기오염

어둠이 깃들인 삶을 사는 여성들에게 새로운 빛으로 향하는 버팀목을 마련해주기 위해 한 여교수가 발벗고 나섰다. 숙명여자대학교 국문과 이인복 교수(52). 그는 최근 사재를 털어 발간한 수필집 〈슬픔이 있는 곳에 기쁨을〉의 수익금 전액을 자신이 구상중인 「마리아 막달레나의 집」 건립에 봉헌하겠다며, 14세 때부터 간직해온 숙원사업에 착수한 설렘으로 자못 흥분된 표정이었다.

[중략]

"「마리아 막달레나의 집」은 지친 여성들이 자신들 안의 「마리아」를 발견하고, 하느님의 새일꾼으로 다시 태어나는, 수녀원같은 공동생활체입니다. 다만 일반 수녀원은 결혼을 안 한 처녀에게만 개방돼있기 때문에, 이들 미(未)자격자만 모여 말씀을 통한 구원과 휴식을 얻고자 하는 것이지요."

이 교수는 「마리아 막달레나의 집」이 윤락녀[성매매노동자] 뿐 아니라 이혼녀, 매맞는 여성, 미망인, 일반 주부를 포함한 모든 여성들에게 위안을 주는 '나무그늘'이 되기를 바란다고 말했다.

"강론을 다니다 보면 남편의 외도와 구타 때문에 고통을 호소하는 여인들이 의외로 많습니다. 집을 뛰쳐나와 지하철역 화장실에서 잠자고 왔다고 새벽에 찾아오는 여성도 있으니까요. 벌써부터 '입주' 신청을 한 윤락녀도 있습니다."

**버림받은 여성에 '새 삶 버팀목' 됐으면
조선일보, 1989년 8월 6일**

오후 2시경 급히 회사 화장실 문을 노크한 L전자 박모 과장(37). 세 칸중 두 칸은 '기다려라'(똑똑). 다행히 마지막 칸은 무응답. 문을 살며시 당겨봤지만 잠겨 있다. 의아한 마음에 가만히 눈 감고 살며시 귀를 대보니 나직이 들려오는 소리. "드르렁~."

직장 분위기가 극도로 빡빡해진 IMF 시대. 사무실에서 낮잠이 사라졌다. "예전엔 책상에 엎드려 잠깐 눈 붙이는 직원이 꽤 있었는데 요즘은 눈을 씻고 찾아도 없어요. 누가 뭐라하는 것도 아닌데." (K기획 최모 부장)

하루종일 낮잠만 자는 생활을 하지 않으려면 낮잠을 포기해야 하는 시대. [중략] 시대가 살벌해도 상당수 직장인은 나름대로 '몰래 낮잠'의 꿈길을 열어간다.

회의실, 전화교환실(여직원의 경우), 지하주차장의 자동차 안 등 '전통'있지만 남의 눈에 띄기 쉬운 낮잠 명소 대신 요즘 부쩍 각광받는 게 화장실. "에이, 설마 화장실에서…." 성장기에 재래식 '변소'를 경험한 세대는 믿기 힘들겠지만 도심 빌딩에 근무하는 신세대 직장인 중엔 화장실 낮잠 경험자가 의외로 많다. 주로 대강당이 있는 층처럼 사람 왕래가 뜸한 곳의 화장실이 애용된다. 평소의 반대방향으로 좌변기에 앉아 물통에 얼굴을 기댄 채….

**'몰래 낮잠족(族)' 잠자는 곳 천태만상
동아일보, 1998년 6월 23일**

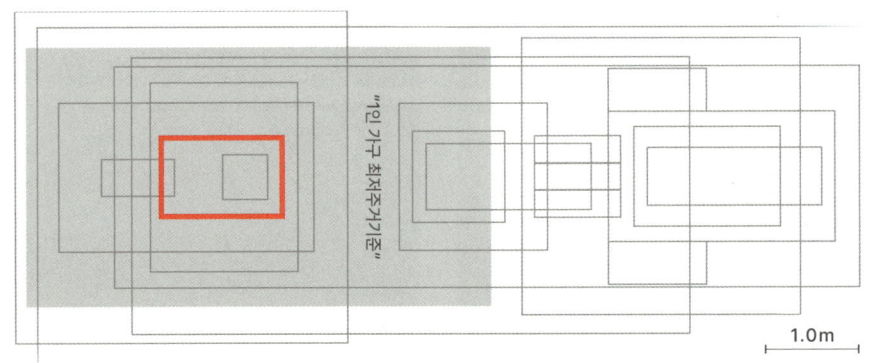

"1인가구 최저주거기준"

1.0m

〈별표〉 공중화장실등의 설치기준 (제6조제3항 및 제6조의2 관련)

1. 여성화장실의 대변기 수가 남성화장실의 대·소변기 수를 합한 수 이상이 되도록 설치하는 경우에는 남성화장실과 여성화장실의 전체 연면적은 33제곱미터 이상으로 하고, 대변기 7개(남자용 2개, 여자용 5개) 이상, 소변기 3개 이상을 설치하여야 한다. 다만, 여성화장실의 대변기 수가 남성화장실의 대·소변기 수를 합한 수의 1.5배 이상이 되도록 설치하는 경우에는 남성화장실과 여성화장실의 전체 연면적은 46제곱미터 이상으로 하고 대변기 10개(남자용 2개, 여자용 8개) 이상, 소변기 3개 이상을 설치하여야 한다.

1의2. 제1호에 따른 대·소변기의 수에 제14호에 따라 설치하는 어린이용 대·소변기는 포함하지 않는다.

2. 대변기 칸막이 규격은 짧은 변이 85센티미터 이상, 긴 변이 115센티미터 이상(서양식 변기를 설치하는 경우 130센티미터 이상)으로 하여야 한다.

공중화장실 등에 관한 법률 시행령 (대통령령 제29395호) 2018년 12월 18일 타법개정에 의한 일부개정. 2021년 1월 5일 각호 1, 1의2, 2 가 삭제됨.

보육원을 나간 형들은 머리도 노랗게 물들이고 멋지게 살았다. 2014년, 열아홉 살 늦여름에 보육원을 나오면서 장현우씨(26)는 자신도 그렇게 살 수 있을 거라 믿었다. 그러니까 한 달쯤 뒤 서울 은평구의 한 상가건물 1층 남자화장실 안에서 웅크리고 누워 잠을 청하게 될 줄은, 그때는 몰랐다. 가을로 접어들며 밤공기가 싸늘해지기 시작하던 그날, 화장실 좁은 칸에서 장씨는 생각했다. '왜 이렇게 살지? 왜? 남들은 잘 사는데….'

어려서 보육원에 맡겨진 것도, 퇴소 후 집 없이 떠도는 삶도 장씨가 선택한 것은 아니었다. 보육원을 퇴소한 직후 찾은 아버지의 집은 도저히 살 수 없는 곳이었다. 어린 장씨를 시설에 보냈던 아버지는 돌아온 장씨에게 매일 욕을 했고 밥을 삼키는 그의 목을 때렸다. 한 달도 안 돼 도망나와 친구의 좁은 고시원에 얹혀 살았다. 며칠 뒤 친구가 말도 없이 사라진 뒤에는 거리로 나올 수밖에 없었다. 3년간의 노숙 생활은 그렇게 시작됐다. [중략]

등록된 주소가 없어 의료지원은 받지 못했다. 거리로 내몰린 장씨를 국가는 찾지 않았다. "국가와 지방자치단체는 보호대상아동의 위탁보호 종료 또는 아동·복지시설 퇴소 이후 자립에 필요한 주거·생활·교육·취업 등의 지원을 해야 한다(아동·복지법 제38조)." 거리로 나온 장씨는 모니터링될 수 없었고, 장씨도 자신의 처지가 부끄러워 도와달라는 요청을 속으로 삼켰다.

배가 너무 고파 창문이 열린 차에서 지갑을 훔쳤을 때 국가는 불쑥 나타났다. 유일한 옷이었던 노란 외투가 폐쇄회로(CCTV)에 선명하게 잡혔다. 주민센터 사회복지 공무원들에게 빌고 빌어 벌금 50만원을 내고 "세상이 나를 버린 기분"으로 서울역 노숙인 쉼터로 흘러갔다. [중략]

시설 퇴소 아동이 자립 과정에서 겪는 어려움이 이슈가 되면서 보호종료아동을 위한 지원체계가 강화됐다. 몇몇 지방자치단체는 자립정착금을 1000만원까지 확대했다. 자립수당 지원 기간도 보호종료 후 3년에서 5년까지 늘었다. LH 주거지원도 생겼다. 그러나 늘어난 지원이 정씨 같은 이들에게 성공적으로 가닿는지, 지원받아 시작한 홀로서기가 적절히 관리되는지는 다른 문제다. 보건복지부의 '보호종료아동 자립실태 및 욕구조사(2020)'를 보면 1~5년차 보호종료아동 3104명 중 20.6%가 보호종료 이후 숙박시설이나 친구·지인의 집, 구금시설, 노숙 등 '영구적인 주거지로서 적절하지 않은 곳'에서 생활한 경험이 있다.

오늘은 또 어디서, 보호아동 홈리스 되다(1): 스무살 청년은 상가 화장실에서 잠을 청했다 경향신문, 2022년 1월 6일

문화역서울284 내 화장실과, "사람에게는 얼마만큼의 잠잘 땅이 필요한가?" 작품의 일부. 2022년 9월 11일 조현익 촬영.

파주종합공사 공식홈페이지 제공 "파주 고양 일산화장실 큐비클공사 파주고양일산 화장실칸막이공사" 시공 장면. 2020년 11월 4일 게시. 촬영자 미상.

10.
구 서울역 역사 계단의 일부 영역

공간의 주요 수치

길이, 너비	0.94 × 0.94m
바닥 면적	0.88m² (0.3평)
높이	-
수용인원	1명
1인당 면적	0.88m²/명 (0.3평/명)

화장실에서 점심 도시락을 먹는 청소 근로자, 비상계단에서 쪽잠을 청하는 백화점 판매 근로자 등 제대로 된 휴게공간이 없어 '쉴 권리'조차 보장 받지 못하고 있는 근로자들이 많다. 고용노동부는 이 같은 근로자들을 위한 사업장 휴게시설 설치·운영 가이드를 마련해 현장에 배포하고 다음달부터 실태 점검을 실시한다고 5일 밝혔다.

근로기준법과 산업안전보건 등 관련 법에 따르면 사업주는 근로자들이 휴식시간에 이용할 수 있는 휴게시설을 갖춰놓아야 한다.

그러나 구체적인 설치·운영 기준이 없는 탓에 부실하게 운영돼 왔다는 것이 고용부의 설명이다. 고용부가 지난해 사업장 109곳의 휴게시설 현황을 조사한 연구용역 결과에 따르면, 전체 응답 근로자들의 64.6%가 '휴게시설이 없거나 부족하다'고 답했다.

이날 배포된 가이드라인은 사업장 내 휴게시설은 1인당 1㎡, 최소 6㎡의 면적을 확보해야 한다고 규정했다. 휴게시설에는 냉난방·환기시설 등을 설치해야 하고, 옥외 작업장의 경우 여름에는 그늘막과 선풍기, 겨울에는 온풍기 등을 마련해야 한다. 또 등받이 있는 의자와 탁자, 식수, 화장지 등 필요한 물품을 갖춰야 한다는 내용도 포함됐다.

이 같은 휴게시설은 작업장이 있는 건물에 설치하되 지하실이나 기계실, 화장실 등 환기가 잘 되지 않는 공간은 지양한다. 불가피한 경우에도 작업장에서 걸어서 3~5분 이내에 갈 수 있는 공간에 둬야 한다.

이번 가이드라인은 강제성은 없지만, 안전보건공단을 통해 대출이나 보조금 등의 형태로 최대 10억원의 휴게시설 설치자금을 지원해주기로 했다.

고용부는 "9월부터 청소·경비용역 사업장과 백화점·면세점 등 취약 사업장 중심 실태점검을 실시해 근로자들이 피로와 스트레스를 해소할 수 있도록 지속적으로 지도하겠다"고 덧붙였다.

> 화장실서 점심 도시락 먹고, 계단서 쪽잠 자는 근로자 없앤다
> 한국일보, 2018년 8월 5일

시설 접근성: "최저주거기준"과의 비교
- 상하수도 시설
- 전용입식부엌 (음식으로의 접근성)
- 전용수세식화장실
- 목욕시설

구조부: "최저주거기준"과의 비교
- ✓ 영구건물로서의 구조강도
- ✓ 내열·내화·방열·방습에 양호한 재질

안전 기준: "최저주거기준"과의 비교
- ✓ 해일, 홍수, 산사태, 절벽의 붕괴 등 자연재해 발생의 위험성이 적음
- ✓ 안전한 전기시설 설비
- ✓ 화재 시 피난할 수 있는 구조와 설비

주거 성능: "최저주거기준"과의 비교
- 적절한 방음
- ✓ 적절한 환기
- 적절한 채광
- 적절한 난방설비

외부 환경: "최저주거기준"과의 비교
- 기준치 이하의 소음
- ✓ 기준치 이하의 진동
- ✓ 기준치 이하의 악취
- ✓ 기준치 이하의 대기오염

문화역서울284 내 계단과, "사람에게는 얼마만큼의 잠잘 땅이 필요한가?" 작품의 일부. 2022년 9월 11일 조현익 촬영.

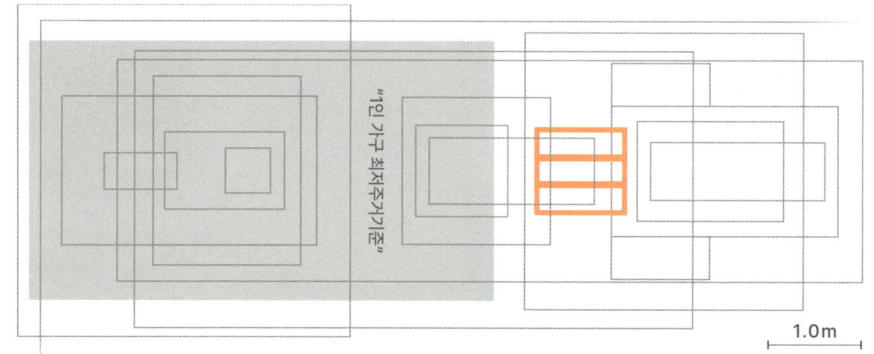

[복도식 아파트로] 이사오고 며칠 되지않아 남편이 담배를 피우러 종종 밖을 나갈때면 계단을 향해 내려가곤 하는데 이따금씩 그아이와 마주쳤었다고 했습니다. 그때만 해도 남편은 그 아이가 옆집아이라는 것을 모를때였습니다.

하루는 남편이 담배를 피우고 계단으로 올라오는데 남자아이가 계단에서 잠들어 있었다며 집을 들어오면서 이야기 하더군요. 제가 시계를 보니 11시였습니다. 시간이 너무 늦었으니 다시 나가서 아이를 데려오라고 했습니다. 아이는 남편이 무서운지 거부했고 어디에 사는지도 말하지 않았다고 했습니다. 남편은 주로 저녁에 담배를 피운다고 계단을 이용하고, 야간주 출근할 때는 오후6시쯤에 잠이깨어 담배를 피우기 위해 또 다시 계단을 이용할때가 많습니다. 그럴때면 어김없이 그 아이와 마주치고, 불꺼진 계단에 있는 모습을 발견할 때면 많이 놀란다고 합니다.

하루는 저와 마주치게 되었습니다. 제가 저녁에 퇴근을 하고 엘리베이터에서 내리자 누군가 재빨리 비상계단쪽으로 몸을 숨기더군요. [중략] 들어가면서 뒤를 돌아보니 어둠속에서 몸을 움직이는 게 느껴지면서 저와 눈이 마주쳤습니다. 그 아이였습니다. 저의 옆집을 향하던군요. 저는 가방을 넣어둔뒤 다시 나와 그아이와 대면했습니다. 그 아이는 당황한듯 뒷걸음을 쳤습니다.

"어디에 사니?"
"여기요."
"여기 어디? 정확히 몇호?"
"○○○호요"
"왜 집에 안들어 가고 복도에 혼자 있는거야??"
"아… 조금있으면 부모님 들어오시는데 열쇠가 없어서 못들어 가고 있어요"
"그래? 근데 너희집 번호킨데??"
"아… 그냥 조금있으면 곧 오시니까 신경쓰지마세요"
"그럼 그 동안 우리집에 가있자. 이렇게 바람많이 부는데 복도에서 춥잖아."
"아… 괜찮아요… 신경쓰지 마세요. 여덟시 되면 곧 부모님 오세요."

계속 거절하는 아이에게 더이상 명분이 서질 않아 찜찜하게 돌아섰죠. 그러고는 귀를 곤두서고 옆집 문이 열리는걸 기다리고 있었죠. 저와 대화나눈 뒤로 한시간이 더 흘러서 아이는 집을 들어간듯 싶었습니다. 옆집이라 현관문 닫히는 소리는 잘 들렸습니다.

저는 생각했습니다. 아이가 집을 들어가지 않는 이유가 무엇일까? [중략] 제일 이해가 되지않는것은 아이의 그 태연한태도와 늦은시간까지 계단에 쪼그리고 앉아서 부모님을 기다리는 것입니다.

날은 점점 추워지고 아이는 작디작은 초등학생인데 걱정이 너무됩니다. 그 집에 찾아가서 아들이 학교마치고 집에들어가지 않고 부모님을 기다린다며 말을 드리고 싶지만 남의 가정사 일이니 신경쓸 필요가 없다고 하면 어쩌나… 또 아이가 학원갔다온다고 하며 놀다가 시간맞추어 들어가는 것이면 어쩌나 별의 별 생각이 다 납니다.

하지만 이 일이 만약 아동학대나 폭력이 숨겨져있다면 결코 방치하거나 간과해서는 안되는 일이라고 생각합니다. [중략]

지금 이글을 쓰는 계기는 금방 저희집다녀간 친구배웅차 나갔다가 돌아오다 엘리베이터에서 내리자 또 그아이가 집앞에 서 있었습니다. 눈이 마주쳤고, "뭐하니?"라고 질문하자 "이제 들어가려구요"라며 한참을 문열리기를 기다리더군요. 그래서 제가 계단쪽으로 불러내자 순순히 따라옵니다.

"왜 아직 집에 안들어 가고 있어?"
"아… 그게… 이제 엄마가 도서관갔다가 이제 어… 엄마가 이제 …갈려구요." 이렇게 알아들을 수 없는 말을 합니다.
"집에 지금 누가 계시니?"
"엄마가 집에 계세요. 문이제 열어준대요." 그때 띠리릭 문이 열리고 아이의 엄마와 저는 눈인사를 마치고 헤어졌습니다.

저는 집에 들어와 생각했습니다. 갑자기 열리는 그집문에 당황되어 아무런 질문도 하지 못해 아쉬워하고, 궁금해도 하고, 아리송해 하고 말았습니다. 다시 찾아가 벨을 누르고 물어볼까 백번 생각했습니다만 용기가 나지 않습니다.

문을 열고 나온 어머니의 모습은 집에 쭉 계셨던 모습처럼 파자마에 긴머리는 풀어져 있었고, 집안 조명은 간접조명으로 불이 다 꺼져있는것 같아 보였습니다. 너무 평온해 보이면서도 두려운 모습에 아무말도 걸지못했습니다. 제가 너무 넘겨짚었을까요? 계속 귓가에 맴도는 그 한마디가 계속 생각납니다. "이제 문 열어준대요."라고…

NATE 〈판〉 톡톡 게시글
"아파트 계단에서 자는 아이(추가2)"
2015년 11월 23일

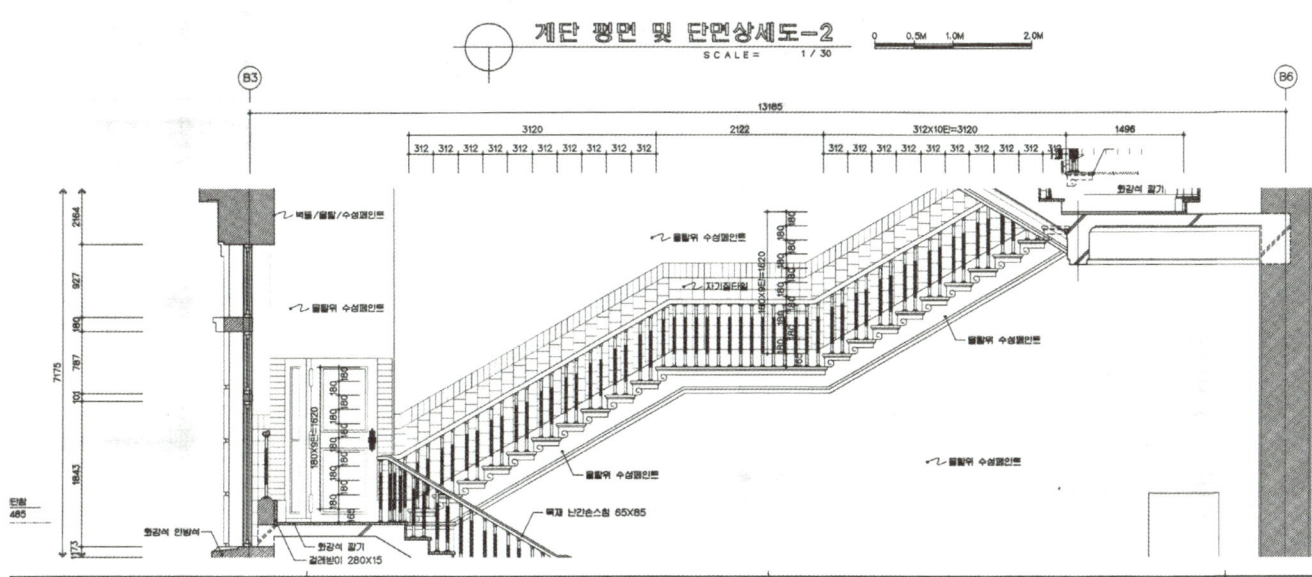

구 서울역사 정밀실측 설계도면: 계단 평면 및 단면상세도-2. 2002년 (주)옛터건축사사무소 제작. 문화재청 국가문화유산포털 제공.

11.
현대자동차 트럭 "마이티" 3.5t형 운전자석
(와이드 슈퍼캡 모델)

공간의 주요 수치

길이, 너비	1.78 × 0.73m
바닥 면적	1.30m² (0.4평)
높이	1.44m
수용인원	1명
1인당 면적	1.30m²/명 (0.4평/명)

당신의 든든한 파트너
고객의 관점에서 생각하고, 깊이 연구하였기에 작업환경을 더욱 긍정적으로 변화시키고, 디자인과 첨단 기술을 연결한 진정한 고객 중심 트럭으로서 중형트럭의 새로운 기준이 될 것입니다.

운전자의 거주 환경에 맞춘 캡 디자인
마이티는 운전자의 운행 환경과 특성에 최적화된 다양한 캡 라인업을 제공합니다. 용도에 따라 일반캡, 슈퍼캡, 더블캡을 선택할 수 있어, 업무에 최적화된 차량을 구성할 수 있습니다.

일반캡: 차량의 길이를 컴팩트하게 줄이면서도, 운전자에게 여유로운 공간과 슈퍼캡과 동일한 적재공간을 제공합니다

슈퍼캡: 운전자가 편안하게 쉴 수 있는 캡 내부 공간에 중점을 맞춘 차량으로, 운전석의 여유로운 리클라이닝, 간이 베드와 하단 수납공간을 제공합니다.

더블캡: 다인승 탑승이 필수적인 차량에 제공하는 캡의 형태로, 최대 7명의 탑승이 가능한 2열 탑승공간을 제공합니다.

현대자동차 트럭&버스사업부의 "마이티" 공식 카탈로그 중. 2022년 4월 발행본. 제작자 미상.

현대자동차 트럭&버스사업부의 "마이티" 공식 카탈로그 중. 2022년 4월 발행본.

시설 접근성: "최저주거기준"과의 비교
- 상하수도 시설
- 전용입식부엌 (음식으로의 접근성)
- 전용수세식화장실
- 목욕시설

구조부: "최저주거기준"과의 비교
- 영구건물로서의 구조강도
- 내열·내화·방열·방습에 양호한 재질

안전 기준: "최저주거기준"과의 비교
- ✓ 해일, 홍수, 산사태, 절벽의 붕괴 등 자연재해 발생의 위험성이 적음
- ✓ 안전한 전기시설 설비
- ✓ 화재 시 피난할 수 있는 구조와 설비

주거 성능: "최저주거기준"과의 비교
- 적절한 방음
- ✓ 적절한 환기
- ✓ 적절한 채광
- ✓ 적절한 난방설비

외부 환경: "최저주거기준"과의 비교
- 기준치 이하의 소음
- 기준치 이하의 진동
- ✓ 기준치 이하의 악취
- ✓ 기준치 이하의 대기오염

현대자동차 트럭&버스사업부의 "마이티" 공식 카탈로그 중. 2022년 4월 발행본. 촬영·제작자 미상.

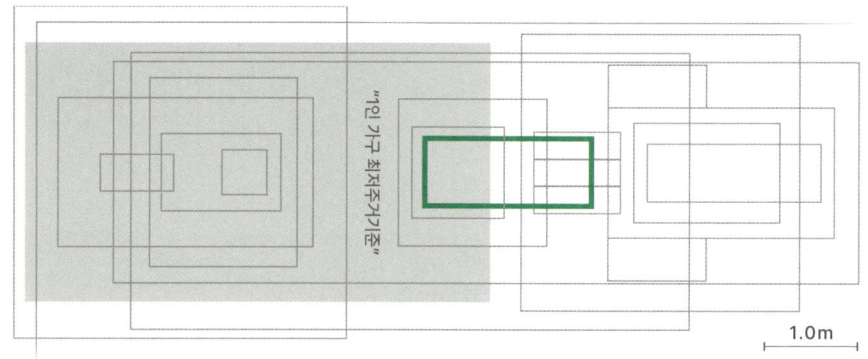

동아일보, 1976년 11월 24일, "위험 만재 고속도로 〈上〉 고속트럭의 과로운행" 중에서. 홍성혁 촬영.

밤새워 고속도로를 달리는 대형 화물트럭은 위험스럽기만하다. 매일 계속되는 격무에다 무거운 짐을 싣고 시간에 쫓겨 시속 80km 이상 과속으로 단조로운 고속도로 위를 달리는 운전사들은 새벽녘이면 거의 졸면서 운전, 마치 시한폭탄처럼 사고의 위험을 안고 있다. 트럭들은 통금시간동안에 주로 달려 자체 전복사고가 많지만 고속버스 등 일반차량이 운행하는 시간에도 많이 달리고 있어 중앙분리선을 뛰어넘어 마주오는 차량과 정면충돌하거나 줄이어 달리던 트럭이 삐끗 잘못하면 연쇄충돌하는 등 대형사고를 빚는다. [중략]

올들어 지난 10월 말까지 고속도로에서 일어난 2천70건의 교통사고 중 무려 77%인 1천6백1건이 화물트럭에 의한 것이었다. 화물트럭은 고속도로상의 '사고뭉치'가 되었다. 화물트럭이 고속도로상에서 통금없이 달릴 수 있는 이점을 이용, 최근 부쩍 늘어난 화물이 고속도로를 이용하게되면서 고속트럭이 격증했다. 따라서 운전사들은 시간에 쫓기게 되어 과속운전이 불가피하고 밤낮없이 차를 운전하게 되어 쉴틈이 없어 피로가 겹치게 된다.

[중략] 대구의 경향운수 소속 운전사 권진종씨(21)도 "쉬는 날도 없고 하룻저녁 보조운전사도 없이 꼬박 7~8시간씩 운전을 하게 되면 저절로 눈이 감기게 된다"고 말하고 "졸릴 때면 눈에 안티플라민이나 물파스 등을 발라보기도 하지만 밀어닥치는 졸음은 쫓을 길이 없다"고 했다.

대구 삼성운수 소속 화물트럭(8t) 운전사 임장옥씨(42)는 "화물트럭의 경우 시속 80km 이상은 타이어 파손율이 높고 또 차에 실은 짐의 하중 때문에 위험천만한 속도이나 제 시간에 물건을 못 대면 운임을 받지 못하기 때문에 부득이 과속운전을 하지 않을 수 없고 앞차의 불빛을 보고 가기 위해 바짝 따라가게 되어 안전거리를 유지하지 못할 때가 많다"고 털어놓았다.

운전사들은 고속도로를 달리는 화물트럭의 안전운행을 위해서는 ▲하루 8시간제 운전과 ▲일요일과 정기휴일의 휴무 ▲스페어 운전사의 확보로 교대근무가 이루어져야 한다고 말하고 특히 트럭운전사에 대한 봉급인상 등 생활안전대책이 시급하다고 호소했다.

위험 만재 고속도로 〈上〉 고속트럭의 과로운행
동아일보, 1976년 11월 24일

전진영 PD: 민주노총 공공운수노조 화물연대본부가 예정대로 오늘 0시부터 무기한 총파업에 돌입했는데요. [중략] 화물연대가 요구하는 주요 골자가 바로 안전운임제 폐지를 철회해 달라는 얘기거든요. 이 안전운임제가 일단 뭔가요?

이호근 교수: 일단 안전운임제가 2020년 1월부터 시행되고 있는데 현재도 시행 중이고요. 일단 화물차 노동자들에게 최저 운임을 보장해 달라, 그래서 과속 과로로 인한 사고를 막자는 취지이기 때문에 저는 당연히 긍정적이고 좋은 제도라고 보고 있고요. 그래서 일단 이 제도를 우선 컨테이너 화물차하고 시멘트 운반차, 이런 두 차종에 한해서 3년 동안만 시행해 보기로 한 거거든요.

[중략] 올해 말에 이게 폐지되는 걸 연장을 하고, 아니면 지속적으로 유지하도록 하고, 그다음에 안전운임제를 아까 말씀드린 것처럼 컨테이너 화물이나 시멘트 운반차 두 차종에 대해서만 시행했는데, 전 차종 전 품목을 확대해야 한다. [중략] 가장 중요한 핵심은 안전운임제에 초점에 맞춰진 파업이다. 이렇게 볼 수 있습니다.

전진영 PD: 일몰제로 시행이 돼서 올해 끝나니까 완전히 이게 역사 속으로 사라지게 될지, 아니면 연장을 하더라도 어떤 형태로 달라질지. 이런 것에 대한 논의를 미리 했어야 되는데, 그 논의가 없다보니까 이제 파업까지 오게 된 거군요.

[중략]

전진영 PD: 말씀해 주신 대로 화물연대는 안전운임제가 보장이 돼야 생계유지가 가능하다. 이게 없이는 생계유지가 굉장히 곤란하다. 이런 입장인데, 지금 관련해서 정부가 입장을 내놓은 건 아직까지 없는 상태입니까?

이호근 교수: 그렇죠. 지금 일단은 이런 부분에 대해서 지난 2일 화물연대와 국토부가 1차 교섭을 가진 것은 맞습니다. 그런데 국토부는 안전운임제 시행 결과를 국회에 보고하도록 왜냐하면 올해 말까지이기 때문에 제가 볼 때도 한 5월 6월까지 해서 2년 반 운영을 하고, 그 운영에 대한 보고서를 준비하는 게 원론적이거든요. 그런데 국토부는 연말까지 일단은 일몰 시간이 넉넉히 남아 있기 때문에, 그 보고 결과가 어떻게 나올지도 모르니까 대화로 풀자는 입장인 것은 실제 들어보면 또 타당성이 있습니다. 특히나 안전운임제 시행 결과 보고서가 나오지 않은 상황에서 어떤 협상을 하느냐, 곤란하다. 동의할 수 있는 의견이거든요.

하지만 화물연대 입장을 들어보면 원래 매년 7월 열리는 안전운임위원회에서 다음 회의 화물 운임을 결정을 하거든요. 그리고 10월 31일까지 국토부 장관이 고시하던 절차를 고려하면, 올해 상반기 안에 결론이 나야지, 이게 11월 10월 넘어가게 되면, 내년도 운임에 분명히 지장을 줄 수 있고 영향이 있을 수밖에 없다. 그러니까 이미 늦었다. 빨리 결론을 내리자 하고 압박하는 상황에서 의견이 맞지 않으면서 파업에 돌입했다. 이렇게 보고 있습니다.

이호근 "화물연대 파업, 안전운임제 지속 절차 약속받으면서 끝날 것으로 예상"
YTN 라디오 〈생생경제〉, 2022년 6월 7일

12.
미국 해군 버지니아급 핵잠수함 "USS 텍사스" 승조원 침대

공간의 주요 수치

길이, 너비	1.88 × 0.64m
바닥 면적	1.20m² (0.4평)
높이	0.46m
수용인원	1.5명 (3명당 침대 2개 배정)
1인당 면적	0.80m²/명 (0.2평/명)

시설 접근성: "최저주거기준"과의 비교
- ✓ 상하수도 시설
- ✓ 전용입식부엌 (음식으로의 접근성)
- ✓ 전용수세식화장실
-    목욕시설

구조부: "최저주거기준"과의 비교
-    영구건물로서의 구조강도
-    내열·내화·방열·방습에 양호한 재질

안전 기준: "최저주거기준"과의 비교
-    해일, 홍수, 산사태, 절벽의 붕괴 등 자연재해 발생의 위험성이 적음
- ✓ 안전한 전기시설 설비
-    화재 시 피난할 수 있는 구조와 설비

주거 성능: "최저주거기준"과의 비교
-    적절한 방음
-    적절한 환기
-    적절한 채광
- ✓ 적절한 난방설비

외부 환경: "최저주거기준"과의 비교
-    기준치 이하의 소음
-    기준치 이하의 진동
-    기준치 이하의 악취
- ✓ 기준치 이하의 대기오염

지난 9일 해군작전사 부산기지를 방문한 미국 버지니아급 공격형 잠수함 텍사스호(SSN-775, 7천800t급)가 11일 언론에 내부를 공개했다.

버지니아급 2번째 잠수함 텍사스호는 지난 5월 부산을 찾은 오하이오급 미시간호(SSGN-727, 1만8천t급)에 비해 작아 보였다. 길이 114.8m, 너비 10.4m인 텍사스호의 외형적인 크기는 세계 최대 규모인 미시간호(길이 170m 너비 12.8m)에 비해 작았고 승조원 수도 130여명으로 오하이오급에 비해 30명 정도 적었다.

그러나 연안에 근접 침투해 작전을 수행할 수 있는 공격형 잠수함이라는 점에서 무기체계는 달랐다. 냉전시대 핵미사일을 싣고 다닌 미시간호는 개조작업을 통해 사정거리 1천600㎞인 토마호크 미사일 발사 154기를 탑재하고 있는 반면 텍사스호에는 토마호크 미사일 12기 뿐이다.

2006년 취역한 신형 핵추진 잠수함인 텍사스호는 얕은 수심에서 특수작전이 가능하다. 전기신호에 의한 제어시스템(fly-by-wire)을 갖추고 있어 수심이 얕은 곳에서 자유자재로 움직일 수 있기때문이다.

美 공격형 핵잠수함 텍사스호에 가보니
연합뉴스, 2011년 7월 11일

[조선소에서 마지막 건조 과정을 거치고 있는] 고속 공격형 [버지니아급] 핵잠수함인 미주리호 내부에 들어가는 일은 마치 3층 건물 옥상에 있는 맨홀을 통해 건물 안으로 들어가는 것 같았다. 10피트[3.05m] 길이 사다리를 다 내려가기도 전에 새로 칠한 페인트 냄새가 벌써 올라왔다.

"이게 바로 갓 지어진 잠수함의 냄새랍니다." 현장 책임 페인트공인 코리 이스타브룩스 씨가 웃으며 말했다. "부속물 하나하나를 모두 페인트칠해서 보호해야 합니다. 이 잠수함의 모든 부분에 저희 부서가 관여하는 셈이죠."

페인트는 철제 표면이 부식되지 않게 막아주기도 하지만, 미주리호에 탑승해서 살아갈 승무원들의 공간을 꾸며주기도 한다. 화장실은 흰색으로, 기계실 구역은 회색으로, 그 밖의 벽면은 초록색으로 칠한다. 마지막으로 사관장교 선실과 승무원[병사] 침실의 벽에는 "비치 샌드"색, 천장에는 밝은 파란색이 칠해진다.

"사람들이 침대에 누워서 하늘빛에 가까운 파란색을 보게 되면, 여섯 달이나 바다 밑에서 살아야 하는 입장에서는 심리적으로 조금이나마 도움이 되지 않을까요." 이스타브룩스의 말이다. [중략]

잠수함의 나머지 부분이 완성될 동안 항해사들이 미리 승선하여 생활할 수 있도록 하기 위해, 이스타브룩스를 비롯한 노동자들

문화역서울284 2층 계단과 "양식당 그릴" 사이 복도에 전시된 "사람에게는 얼마큼의 잠잘 땅이 필요한가?" 작품의 일부. 2022년 9월 11일 조현익 촬영.

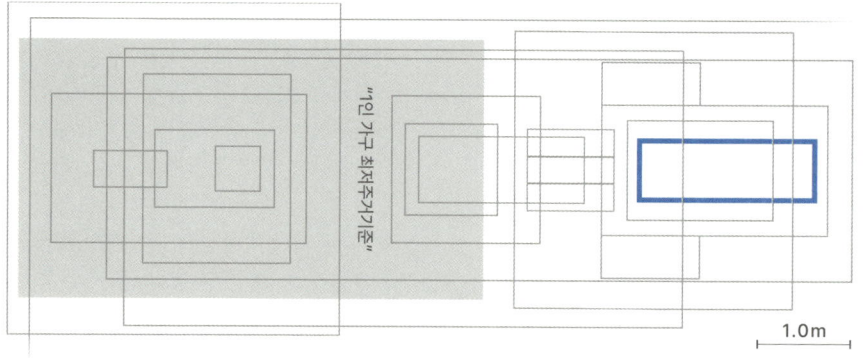

은 휴일도 없이 하루 8~10시간 동안 일하며 함 내 생활 공간 작업을 진행하고 있다.

생활 공간에는 조리실이 위치해 있다. 시먼 폴 하이트 씨는 자기 어깨보다 살짝 넓은 정도의 스테인리스 철제 공간 안에서 음식을 조리한다. "엄청 힘든 일이지만, 승무원들의 마음을 달래주는 일이에요. 마지막 날 모두의 마음을 행복하게 할 수 있다는 건 엄청 대단한 일이죠." 하이트가 말한다.

사관장교는 조리실 바로 옆의 사관실에서 식사하고, 승무원은 조리실 건너편의 휴게실에서 식사한다. 두 공간 모두 목재 패널로 꾸며져서 분위기를 살짝 더해준다. 휴게실에는 테이블이 5개 있어서 승무원들이 돌아가면서 식사를 해야 하고, 테이블 사이에는 간신히 앉거나 지나갈 수 있을 정도의 공간만 확보되어 있다. 테이블이 1개 있는 사관실도 휴게실에 비해 별로 넓지 않다.

승무원들에게 몇 달 동안 집의 역할을 하는 취침 구역은 이보다도 더 좁다. 침대의 크기는 74×25인치[1.88×0.64m]고 공간 높이는 18인치[0.48m]로, 냉장고 1대가 차지하는 공간과 비슷하다. (상급 부사관의 침대는 폭이 2인치[5.1cm] 더 넓고 공간 높이가 1인치[2.5cm] 더 확보되며, 여기에 더해 사관장교 침대는 길이가 3인치[7.6cm] 더 길다.) 각 승무원에게는 귀중품을 보관할 수 있는 서류 가방 크기의 사물함이 배정되고, 침대를 접어 올리면 나타나는 수 인치 깊이의 "냄비칸(pan)"에다가 나머지 개인용품을 보관한다.

"Inside A Nuclear Submarine: Electric Boat workers, sailors prep the Missouri"
The Providence Journal
(미국 로드아일랜드 프로비던스 지역 일간지),
2010년 6월 27일

장보고함 전체 길이는 56m에 폭은 7.6m, 높이는 11.5m다. 그 공간에 각종 장비가 잔뜩 들어 있다. 내부가 비좁을 수 밖에 없다. 통로는 두 사람이 지나가기가 벅차다. 장보고급 잠수함 승조원은 비좁은 함내 환경을 빗대 "43평 아파트에 40명의 장정이 함께 살고 있다"고 말한다.

전체 승조원 40명에 침대는 33개다. 그 중 하나는 함장용이다. 나머지 39명이 32개를 공유한다. 3명이 침대 2개를 함께 쓰는 방식이다. 침대는 한 사람이 겨우 누울 수 있는 공간이다. 길이는 180cm며 폭과 높이는 각각 75cm과 50cm다. 한 승조원은 "그나마 키가 좀 크면 다리를 접고 자는 수 밖에 없다"고 말했다. 그래도 장보고함에서 유일한 개인 휴식 공간이 침대다.

샤워장을 겸한 좁은 화장실은 2곳 뿐이다. 출항을 하면 샤워는 주 1회, 10분 정도로 제한된다. 그래서 티슈로 몸을 대충 닦는다. 빨래는 꿈도 못꾼다. 출항할 때 한달치 속옷을 가져온다. 담배를 피울 수 없고, 휴대전화 사용이나 TV 시청도 불가능하다.

밀폐 공간에서 오랫동안 햇빛을 보지 못하고 밤낮이 바뀐 교대근무를 하다보니 소화장애나 피부·이비인후 질환을 달고 사는 승조원들이 제법 많다고 한다.

장보고함은 재래식 잠수함이다. 수중에선 배터리 전기로 모터를 돌려 움직인다. 배터리가 방전하면 다시 수상으로 올라가 발전기로 충전한다. 잠수함은 물 위로 올라가면 제일 취약하다. 그래서 해군은 연료전지를 채택해 일주일 이상 충전할 필요가 없는 손원일급을 도입했다.

그러나 북한이 잠수함탄도미사일(SLBM)을 개발하면서 상황이 바뀌었다. 오랫동안 물속에 매복하면서 북한의 SLBM 잠수함을 격침할 필요성이 생긴 것이다. 그러면 일주일 잠항도 부족하다. 해군이 [3개월 이상 잠항할 수 있는] 핵추진 잠수함 도입을 검토하는 배경이다.

"긴급 잠항, 승조원 함수로" 외치자 십 수 명 몰려가…국내 첫 잠수함 장보고함을 타보니
중앙일보, 2017년 9월 17일

미국 해군 버지니아급 잠수함 "USS 워싱턴"의 승무원 취침 구역. 2017년 제프리 리차드슨Jeffrey Richardson 촬영. 미국 해군 제공.

"USS 인디애나"의 승무원 취침 구역. 2017년 데릴 우드Darryl Wood 촬영. 미국 해군 제공.

CNN Politics, 2016년 5월 4일, "A tour of a nuclear submarine" 중에서. 촬영자 미상.

13. 아폴로 11호 달 착륙선 "이글"의 승무원실

공간의 주요 수치

길이, 너비	0.91~2.29 × 1.42~2.34m
바닥 면적	4.10m² (1.2평)
높이	0.46~1.98m
수용인원	2명
1인당 면적	2.05m²/명 (0.6평/명)

승무원 선실crew compartment은 [달 착륙선] 상단부의 앞쪽에 위치하고 원통형 구조를 이루고 있습니다(지름 92인치[2.34m], 깊이 42인치[0.91m]). 왼쪽에는 사령관, 오른쪽에는 달 착륙선 조종사의 조종석이 위치합니다. 양 조종석의 중앙은 44인치[1.12m] 떨어져 있습니다. 선실의 상단은 하단보다 앞쪽으로 더 튀어나와 있어서 착륙선 아래[착륙할 때의 달 표면]를 최대한 넓게 볼 수 있습니다.

이곳에는 조종 장치와 계기판, 승무원 몸체 고정 장치, 착륙 보조 장치, 각 조종사 자리[의자가 없음]의 전면 유리창, 사령관 자리 위쪽의 도킹 유리창을 비롯한 여러 장치가 있습니다. 각 조종사 자리에는 고도 컨트롤러, 조종간과 승무원용 팔걸이가 있습니다. 또한 선실 전면부에 [바깥, 달 표면으로 나가는] 해치가 있습니다.

선실 갑판[바닥]의 크기는 약 36×55인치[0.91×1.42m]입니다. 갑판 위에는 불연성 벨크로가 붙어있어서, 승무원 신발 바닥의 벨크로와 접착해서 무중력 상태에서도 승무원 몸체가 고정되도록 합니다. 전면부 해치에 달린 오목한 손잡이를 이용해 해치를 열고 닫습니다.

[중략]

조종 장치와 계기판의 아래, 달 착륙선 조종사 자리의 오른쪽에는 캐비닛이 자리 잡고 있습니다. 달 착륙 미션 중에 쓰일 물건들이 여기에 들어있습니다.

여기에는 음식물, 개인 위생용품, EVA(우주선 외부 활동)용 생명줄, 카메라와 렌즈 필터, 여벌의 전구, 그리고 육각 렌치를 비롯한 다목적 공구들이 실려 있습니다. 똑같은 캐비닛이 사령관 자리 왼쪽에도 자리 잡고 있는데, 여기에는 환경 조절 시스템(ECS)에 쓰이는 여분의 수소화리튬 캔, 쓰레기통 용기, 생명유지장치(PLSS)에 쓰이는 수소화리튬 카트리지와 액체 탄화수소 용기가 들어있습니다.

갑판에서 18인치[0.46m] 위로 올라가면 바로 뒤쪽에 달 착륙선의 가운데칸mid-section이 나옵니다. 이 곳에는 사령선[아폴로 우주선]과 달 착륙선 사이를 왔다갔다 할 때를 제외하고는 사람이 탑승하지는 않습니다. 깊이는 54인치[1.38m], 높이는 5피트[1.52m]입니다. 가운데칸 공간은 타원

시설 접근성: "최저주거기준"과의 비교

    상하수도 시설
✓   전용입식부엌 (음식으로의 접근성)
    전용수세식화장실
    목욕시설

구조부: "최저주거기준"과의 비교

    영구건물로서의 구조강도
✓   내열·내화·방열·방습에 양호한 재질

안전 기준: "최저주거기준"과의 비교

    해일, 홍수, 산사태, 절벽의 붕괴 등 자연재해 발생의 위험성이 적음
✓   안전한 전기시설 설비
    화재 시 피난할 수 있는 구조와 설비

주거 성능: "최저주거기준"과의 비교

✓   적절한 방음
    적절한 환기
    적절한 채광
✓   적절한 난방설비

외부 환경: "최저주거기준"과의 비교

    기준치 이하의 소음
    기준치 이하의 진동
    기준치 이하의 악취
✓   기준치 이하의 대기오염

아폴로 11호 달 착륙선 "이글" 앞에 선 에드윈 올드린. 1969년 7월 21일 닐 암스트롱Neil Armstrong 촬영. 미국 항공우주국 NASA 제공.

실제 크기의 달 착륙선 시뮬레이터에서 조종 훈련을 받고 있는 닐 암스트롱. 1969년 6월 19일 촬영. 촬영자 미상. 미국 항공우주국NASA 제공.

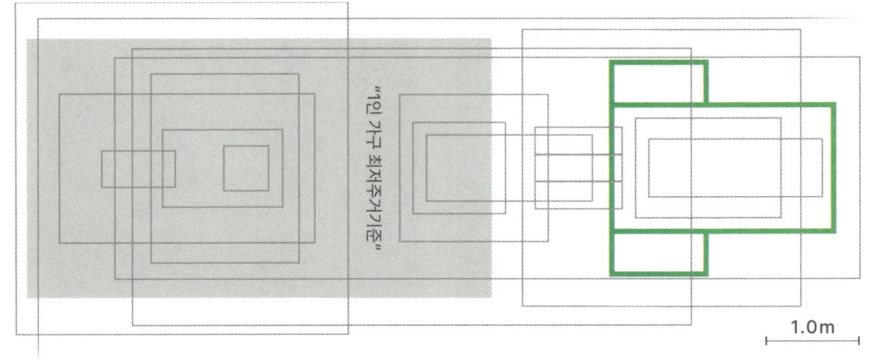

형으로 폭이 대략 56인치[1.42m]입니다. 여기에는 달 착륙선 상단부의 로켓엔진 장치가 위치했습니다.

칸 오른쪽에는 ECS 장치, 소화기, 채취한 월석(달의 암석)을 보관할 컨테이너, 생명유지장치와 통신장치에 쓰이는 배관(연결줄)이 위치해 있습니다. 칸의 왼쪽에는 쓰레기 처리 시스템과 산소 공급 장치가 자리잡고 있고, 여기에 더해 음식물 적재함, 달에서 활동할 때 신을 신발, 승무원 래퍼런스[매뉴얼] 키트 등이 실려 있습니다.

[중략]

로켓엔진 커버는 승무원 1명이 그 위에 앉을 수 있도록 설계되었는데, 달 착륙 미션 초기에 머리 위에 있는 해치를 통해 달 표면을 바라보면서 착륙선을 조종하게끔 되어 있습니다.

아폴로 달 착륙선 개발사 그루먼Grumman이 발행한 "NASA 아폴로 달 착륙선 보도자료" 중. 1968년 발행.

[닐 암스트롱과 에드윈 올드린이 달 표면 활동을 끝내고 "이글"호로 돌아온 뒤,] 그들에겐 여전히 산더미처럼 많은 업무 체크리스트가 남아있었다. … 승무원들은 식사 중에도 긴장을 놓칠 수 없었는데, 그들이 편한 마음으로 잠에 들려면 [지구로 귀환하기 위한] 로켓 발사 준비를 미리 해두어야 했기 때문이다.

이 귀찮은 업무를 끝내고 두 번이나 밤 인사를 청한 뒤 잠을 자려던 찰나, 이번에는 [휴스턴 지상에 위치한] 비행관제소에서 달 표면 임무 수행에 대한 질의응답 세션을 진행했다. 방대한 답을 요구하는 질문이 쏟아지자, 올드린은 세션을 나중에 진행하면 안 되겠냐고 휴스턴에 물었다. 그제서야 비행관제소도 동의하고, 마지막 밤 인사를 전한다.

암스트롱과 올드린이 잠을 청하려고 보니 달 착륙선 내부는 [달 표면에서 묻혀 온] 먼지가 풀풀 날리고, 실내는 비좁은 데다가 시끄러웠으며, 햇빛이 너무 많이 들어왔다. 먼지를 덜 들이마시고 혹시 모를 사고로 실내 공기가 새어 나갈 상황도 대비할 겸, 두 사람은 헬멧을 도로 착용했다. 빛을 차단하는 것은 너무 어려운 일이었다. 창문 가리개는 없는 것이나 다름없어서 달의 지평선이 훤히 다 보일 지경이었다. 심지어 지구로부터 반사된 빛이 착륙선의 육분의[항해용 위치 측량 도구]를 통과하여 선실 내부로 점점 더 밝게 들어왔다.

승무원들은 깊이 잠들기는커녕 졸린 느낌을 느끼기도 힘들었다. 올드린은 선실 바닥에 앉아있었고, 암스트롱은 자기 다리를 고정끈으로 묶은 채 [가운데칸에 위치한] 상단부 로켓엔진 덮개 위에 앉아서 잠을 청했다. 처음에는 별로 불편하지 않았지만, 시간이 지나면서 추위를 느꼈다. 장치를 이리저리 조작하여 간신히 기온을 올리긴 했지만, 암스트롱과 올드린은 후속 우주비행사들에게 휴식을 취하기 전에는 반드시 선실 온도부터 잘 맞춰두라고 충고했다.

"NASA History Series"
⟨Chariots for Apollo: A History of Manned Lunar Spacecraft⟩. NASA 발행. 1979년 제작.
— Courtney G Brooks, James M. Grimwood, Loyd S. Swenson 집필.

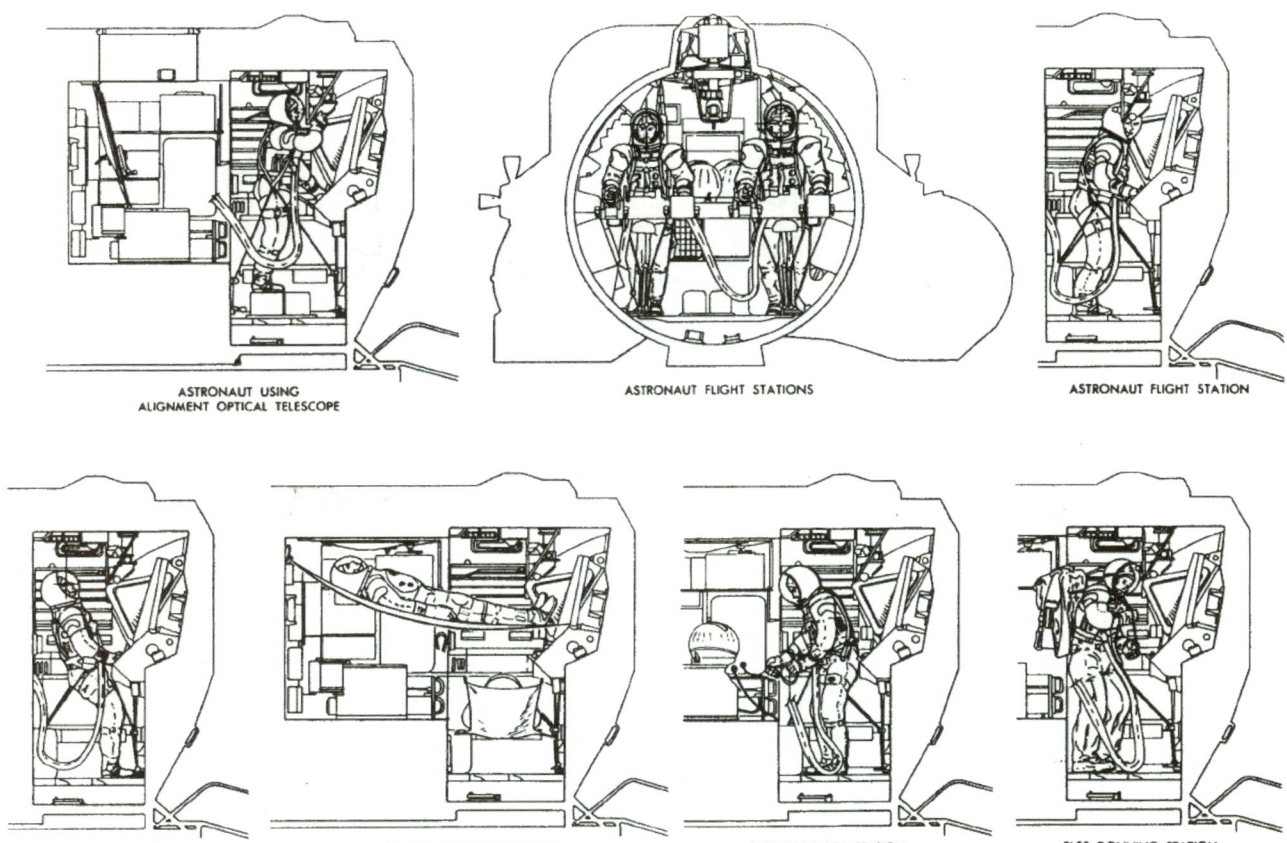

아폴로 15호부터 사용된 개량형 달 착륙선 안에서, 해먹을 사용한 취침 자세(아래줄 왼쪽에서 2번째)를 포함하여 다양한 상황에서의 우주비행사 자세를 나타낸 일러스트레이션. 달 착륙선 제조사 그루먼 Grumman이 제작한 "APOLLO OPERATIONS HANDBOOK: Lunar Module, LM 10 and Subsequent" 중에서. 1971년 4월 1일 발행. 일러스트레이터 미상.

14.
Dräger "Isolette® 8000" 인큐베이터

공간의 주요 수치

길이, 너비	0.81 × 0.41m
바닥 면적	0.33m² (0.1평)
높이	0.41m
수용인원	1명
1인당 면적	0.33m²/명 (0.1평/명)

첨단기술을 적용한 검증된 개념

Dräger는 체온 조절에 있어서 안정적인 열 중성(Thermo-Neutral) 미세환경을 확실하게 유지함으로써 그 신뢰성을 인정받았습니다. Isolette®은 검증되고 믿을만한 설계 방식이라는 평가와 함께 수십년 동안 전 세계 의료진에게 소개되어 왔습니다. Dräger의 정교한 PID 알고리즘에 의해 제어되는 첨단 온도 조절 시스템으로 신생아를 안정한 환경에서 보호할 수 있습니다. 이중 공기 커튼과 사전 조절장치가 있어 신생아를 접할 때도 안정한 환경을 유지할 수 있습니다. 스킨 모드에서 온도 모니터링으로 신생아의 심부 및 말초 피부온도를 모니터링할 수 있습니다. 화면에 명확한 도표로 트렌드가 표시되어 신생아의 고체온 또는 저체온 위험 여부와 에너지 소모 정도를 쉽게 식별할 수 있습니다. 수동 습도 설정도 가능하며, 자동 모드를 선택하면 Isolette® 8000 plus가 설정된 공기 온도를 기준으로 습도를 자동으로 설정하여 조절합니다.

발달 치료 중심

Isolette 8000 plus에는 여러분의 발달 치료 업무를 지원하는 기능이 추가되었습니다. 이전보다 신생아 관리에 가족들의 참여가 늘어남에 따라, Isolette 8000 plus는 가족들이 더욱 편안하게 함께하도록 해줍니다. 자유롭게 높이를 조절할 수 있어 부모가 침대에 누워서나 휠체어에 앉아서도 아기를 가까이 볼 수 있습니다. 캥거루 케어 모드로 부모는 아기가 놀라지 않게 조용히 안아볼 수 있고, 아기를 다시 눕힐 때 Isolette의 설정이 안정적으로 유지되는지 온도를 모니터링할 수 있습니다.

의료진의 업무 흐름을 배려한 설계

환아에게 쉽게 접근하여 처치할 수 있고 인큐베이터의 높이를 편리하게 조정하며, 제어 기능에 쉽게 접근할 수 있어 어떠한 NICU에도 적합한 훌륭한 인큐베이터입니다. 경량, 소형 공간차지, 부드러운 바퀴, 인체공학적인 발조작 브레이크로 복잡한

시설 접근성: "최저주거기준"과의 비교

- ✓ 상하수도 시설
- ✓ 전용입식부엌 (음식으로의 접근성)
-    전용수세식화장실
- ✓ 목욕시설

구조부: "최저주거기준"과의 비교

- ✓ 영구건물로서의 구조강도
- ✓ 내열·내화·방열·방습에 양호한 재질

안전 기준: "최저주거기준"과의 비교

- ✓ 해일, 홍수, 산사태, 절벽의 붕괴 등 자연재해 발생의 위험성이 적음
- ✓ 안전한 전기시설 설비
- ✓ 화재 시 피난할 수 있는 구조와 설비

주거 성능: "최저주거기준"과의 비교

- ✓ 적절한 방음
- ✓ 적절한 환기
- ✓ 적절한 채광
- ✓ 적절한 난방설비

외부 환경: "최저주거기준"과의 비교

- ✓ 기준치 이하의 소음
- ✓ 기준치 이하의 진동
- ✓ 기준치 이하의 악취
- ✓ 기준치 이하의 대기오염

문화역서울284 2층 "양식당 그릴"과 역무원실 사이 복도에 설치된 "사람에게는 얼마만큼의 잠잘 땅이 필요한가?" 작품의 일부. 2022년 9월 11일 조현익 촬영.

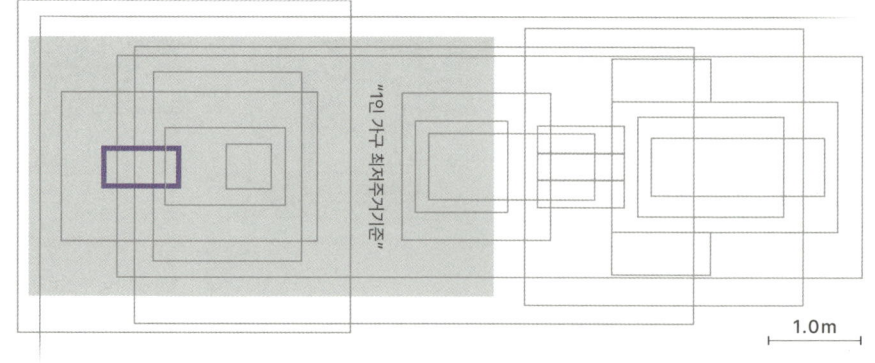

NICU 환경에서도 전혀 힘들이지 않고 움직일 수 있습니다. 측정계와 x-ray가 장착되어 있어 업무 절차가 간소화됩니다. Isolette 8000 plus는 Medibus.X 기능을 갖추고 있어 환자 정보를 전송하기가 편리합니다.

뛰어난 독창성이 돋보이는 위생개념
Isolette 8000 plus에는 감염 관리 강화와 철저한 위생 관리 환경을 지향하는 현행 병원의 의료현실을 위해 특별히 설계된 혁신적인 응축관리시스템(Condensation Management System)이 있습니다. Dräger가 개발한 이 시스템은 인큐베이터 내의 응축액이 습도 시스템에서 공급되는 깨끗한 수분과 섞이지 않도록 합니다. 이와 더불어, 전체 습도 시스템은 개별 환자에 대해 사용한 후 신속, 편리하게 효과적으로 간편히 제거됩니다.

Dräger사가 제작한 "Isolette® 8000 plus" 제품정보서 중 "장점" 단락. 2019년 발행본.

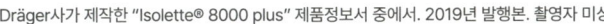
Dräger사가 제작한 "Isolette® 8000 plus" 제품정보서 중에서. 2019년 발행본. 촬영자 미상.

제1조(목적)
이 규칙은「모자보건법」및 같은 법 시행령에서 위임된 사항과 그 시행에 필요한 사항을 규정함을 목적으로 한다.

제14조(인력 및 시설기준)
법 제15조제1항에 따른 산후조리원의 운영에 필요한 인력 및 시설기준은〈별표 3〉과 같다.

〈별표 3〉산후조리원의 인력 및 시설기준
(2) 시설기준
가. 일반기준
1. 임산부실 및 영유아실은 1층에 설치하여야 한다. 다만,「건축법 시행령」제34조제1항 본문에 따른 피난층에 설치하거나 같은 법 시행령 제46조제6항 각 호의 어느 하나에 해당하는 시설을 설치하는 경우에는 2층 이상에 설치할 수 있다.

2. 시설의 구조 및 설비는 일조, 채광, 환기 등 임산부와 영유아의 보건위생 및 재해 방지 등을 충분히 고려하여 설치하여야 한다.

3. 급수시설은 상수도에 의한다. 다만, 상수도에 의할 수 없는 경우에는「먹는물관리법」제5조에 따른 먹는물의 수질기준에 적합한 지하수 등을 공급할 수 있는 시설을 갖추어야 한다.

4. 방문객을 위한 손 씻기 시설(싱크대 또는 손소독기 등을 말한다. 이하 같다)을 갖추어야 한다.

5. 목욕탕은 샤워 및 세면설비와 깨끗한 물을 사용할 수 있는 설비를 갖추어야 한다.

6. 화장실은 수세식 변기를 설치해야 한다.

7. 임산부실에서 임산부가 영유아에게 엄마젖을 먹일 수 없는 경우에는 모유 수유를 위한 편안하고 조용한 공간 및 시설을 갖추어야 한다.

8. 임산부의 건강관리를 위하여 좌욕을 할 수 있는 시설을 갖추어야 한다.

9. 산후조리원의 시설은 산후조리업의 전용으로 사용하여야 하며, 다른 업종의 용도와 겸하여 사용할 수 없다.

나. 임산부실
임산부실의 면적(면적의 측정방법은「건축법 시행령」제119조를 따른다. 이하 같다)은 다음과 같다.

1. 임산부 1명을 수용하는 경우: 6.3제곱미터 이상

2. 임산부 2명 이상을 수용하는 경우: 임산부 1명당 4.3제곱미터를 기준으로 산정한 면적 이상

다. 영유아실
1. 공용면적(세면대, 목욕을 위한 곳, 수유를 준비하는 곳 등 영유아의 개인용 공간이 아닌 곳을 말한다)을 제외한 영유아실의 면적은 영유아 1명당 1.7제곱미터 이상이어야 한다.

2. 영유아실 입구에는 손 씻기 시설을 갖추어야 한다. 또한, 세면대(싱크대)는 영유아의 목욕을 위한 곳과 수유를 준비하는 곳을 일정한 간격을 두어 구분하여야 하며, 영유아 침대와 적절한 거리를 유지하여야 한다.

3. 신규로 입원하는 영유아의 감염 여부 등 건강상태를 관찰할 수 있는 시설(이하 "사전관찰실"이라 한다)을 갖추어야 한다. 이 경우 사전관찰실은 투명한 벽체·칸막이 등(커튼은 제외한다)으로 분리하여야 한다.

[후략]

모자보건법 시행규칙 (보건복지부령 제763호) 2020년 12월 1일 일부개정.

15.
실내용 텐트
"아이두젠 따수미 프리미엄" 2-3인용

공간의 주요 수치

길이, 너비	2.05 × 1.6m
바닥 면적	3.28m² (1.0평)
높이	1.4m
수용인원	2~3명
1인당 면적	1.09~1.64m²/명 (0.3~0.5평/명)

시설 접근성: "최저주거기준"과의 비교

- ✓ 상하수도 시설
-     전용입식부엌 (음식으로의 접근성)
- ✓ 전용수세식화장실
-     목욕시설

구조부: "최저주거기준"과의 비교

-     영구건물로서의 구조강도
- ✓ 내열·내화·방열·방습에 양호한 재질

안전 기준: "최저주거기준"과의 비교

-     해일, 홍수, 산사태, 절벽의 붕괴 등 자연재해 발생의 위험성이 적음
- ✓ 안전한 전기시설 설비
- ✓ 화재 시 피난할 수 있는 구조와 설비

주거 성능: "최저주거기준"과의 비교

-     적절한 방음
- ✓ 적절한 환기
-     적절한 채광
-     적절한 난방설비

외부 환경: "최저주거기준"과의 비교

-     기준치 이하의 소음
- ✓ 기준치 이하의 진동
- ✓ 기준치 이하의 악취
- ✓ 기준치 이하의 대기오염

□ 지난 11월 15일 포항 지진 시 임시주거시설(실내 구호소)에 설치되었던 사생활 보호 및 난방 텐트가 향후 재난발생 시 전국적으로 지원될 예정이다.

□ 이러한 내용으로 행정안전부는 이재민에게 구호용 텐트를 지원하는 내용을 담은 재해구호분야 업무협약을 7일 체결했다.

○ 이번 협약은 ㈜아이두젠에서 사회공헌활동의 일환으로 각종 재난발생 시 이재민 구호용 텐트를 전국적으로 지원하겠다는 의사를 밝힘에 따라 추진하게 되었다.

○ ㈜아이두젠은 흥해실내체육관 등 포항지역 이재민구호소에 실내용 텐트 400여 동을 기증하여 이재민들에게 사생활 보호공간을 제공한 바 있다.

□ 협약의 주요 내용은 재난으로 이재민이 실내체육관 등 임시주거시설이나 공원 등 야외로 대피하여 텐트가 필요한 경우, 행정안전부에서 요청하면 ㈜아이두젠 물류센터에서 즉시 재난이 발생한 지자체에 실내용 난방 텐트 또는 실외용 원터치 텐트를 지원하게 된다.

□ 류희인 행정안전부 재난안전관리본부장은 "㈜아이두젠에서 텐트를 기증해 포항지역 이재민들에게 도움을 주신 점에 대해 감사드린다."라며, "이번 협약을 통해 재해구호용 텐트 지원이 전국적으로 확대되어 향후 재난발생 시 이재민들의 사생활 보호와 심신안정에 많은 도움이 될 것으로 기대한다."라고 밝혔다.

> "포항 지진 때 사용된 이재민 구호용 텐트 전국으로 확대"
> 한국 행정안전부 배포 보도자료,
> 2018년 2월 7일.

"이게 어디 사람이 사는 꼴입니까?"

지난해 11월15일 포항지진 발생 이후 1년이 되어가는 10일 포항 흥해실내체육관에서 만난 지진 이재민 조연옥(61·여)씨는 "여기도 내 집이 아니고 제가 살았던 아파트도 내 집이 아닙니다"며 길게 한숨을 내쉬었다. 조씨는 "마치 떠돌이 유랑생활을 하는 것 같다"고 말했다. [중략]

[지진 이후, 조씨가 살던 한미장관맨션은] 비가 오면 새는 데다 언제 지진이 다시 발생할지 몰라 불안해 어쩔 수 없이 옷만 간신히 챙겨 나왔다. 이재민이 대피해 있는 흥해실내체육관으로 거처를 옮겨 좁고 불편한 텐트에서 생활하기 시작한 지 1년이란 시간이 훌쩍 지났지만 조씨는 지금도 지진 악몽에 시달리곤 한다. 대피소에서 운영되던 빨래방이 철거돼 조씨는 세탁을 하려면 자신이 살았던 아파트로 돌아가 빨래를 해온다. 남편과 함께 텐트에 누우면 다리가 텐트 밖으로 나올 정도로 비좁아 생활하기에 불편이 이만저만이 아니다.

지진 대피소로 지정된 뒤 흥해실내체육관에 설치된 6.6㎡(2평) 크기의 텐트 250여동은 그대로 놓여 있다. 지진 직후에는 800여명이 이곳에 머물며 숙식을 해결했다. 그동안 이재민은 하나둘 정부와 포항시, 한국토지주택공사(LH)가 마련한 보금자리로 이사해 떠났다. 일부 주민은 자신 집을 수리해 돌아갔다. 흥해실내체육관에 등록된 이재민은 91가구 208명이다. 이 중 82가구, 195명이 흥해 한미장관맨션 주민이다.

> 좁고 불편한 텐트생활에…
> 이재민들 "이게 사는 건지" 한숨
> 세계일보, 2018년 11월 11일

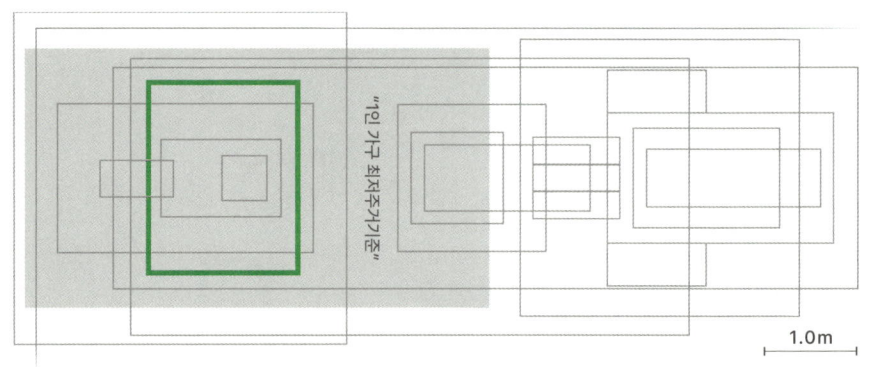

오랜 시간이 지났지만 지진 피해 주민 윤성일 씨는 지금도 이 체육관 텐트에서 생활하고 있습니다. '임시'일 줄만 알았던 체육관 생활이 3년째 이어지고 있는 겁니다.

매일 하루에도 몇 번씩 계단을 오르내리는 게 쉽지 않지만 윤 씨가 텐트를 체육관 2층에 둔 이유는 바닥에서 올라오는 한기를 조금이나마 막기 위해서입니다. 유독 추웠던 지난 겨울 윤 씨는 뜨거운 물을 담은 페트병으로 추위를 버텼습니다.

윤성일, 포항 지진 피해 주민:
피로가 누적돼서 그런지 담석이 생겼어요. 체육관이 건조하기도 하고… 겨울에는 이불 밑에 뜨거운 물을 담은 페트병을 넣어 놓으면 보온도 되고 보일러처럼 돼서 참 좋아요. 견딜만하다고요.

[중략] 다른 이재민들은 대부분 자녀나 친척 집, 다른 지역으로 이사하거나 포항시가 제공한 LH 임대주택으로 거처를 옮겼습니다. 하지만 여전히 윤 씨를 포함해 스무 명 안팎이 이 체육관에 남았습니다. 이들은 왜 체육관을 떠날 수 없는 걸까요?

주택을 수리할 수 없는 경우인 '전파' 판정을 받은 아파트 주민들은 일부 지원을 받고 이사하거나 집을 철거했습니다. 반면 시설을 고쳐 쓸 수 있는 정도로 파손된, 즉 '소파' 판정을 받은 아파트는 지원받은 금액이 고작 100만 원뿐입니다. 수리해서 그대로 살기에는 턱없이 부족한 금액입니다.

게다가 임대 주택 지원 대상자더라도 생활하는 지역과 멀거나 관리비 등을 감당할 수 없는 경우 이주는 쉽지 않습니다.

윤성일: 특별법 통과되면 다 해결된 것으로 생각하는데 그게 아니고 주거안정이 안 되기 때문에 여기 있는 겁니다. 비가 오면 집에 비가 새죠. 그러니 어쩔 수 없이 여기 있어야 하죠.

지원금 100만 원, '소파' 판정을 받은 윤 씨가 살던 아파트를 찾아가 봤습니다.

지진 피해가 컸던 1층은 주인이 떠나고 수년 째 방치됐습니다. 화장실에 물이 샌 흔적이 남았고 벽과 천장 대부분에 곰팡이가 슬었습니다. 방이며 부엌이며 곳곳에 금이 갔습니다. 지진으로 건물이 뒤틀리면서 방문은 제대로 닫히지 않는 상태였습니다.

이 아파트 두 동에 살던 주민은 모두 130여 가구인데 절반가량이 지진 뒤 아파트를 떠났습니다. 아파트 외부에는 여전히 안전 펜스가 설치돼 있습니다. 남은 절반의 주민들, 이곳이 안전해서 남아있는 건 아닐 겁니다.

[중략]

포항 지진은 지난 2019년 촉발 지진으로 밝혀지면서 피해 구제 지원 방안 등을 담은 특별법이 제정됐습니다. 이에 따라 지진 발생 3년 5개월 만에 처음으로 다음 주쯤 지원금이 지급될 예정입니다.

하지만 터전을 떠난 사람도, 남은 사람도 후유증은 현재 진행형입니다. 피해 구제가 지진 피해 해결의 끝이 아닌 피해 주민들의 상처를 보듬는 첫걸음인 이유입니다.

> 포항 지진 3년 5개월 지났는데…
> 아직도 텐트 생활
> KBS 뉴스, 2021년 4월 11일

[전략] … 이처럼 힘든 하루하루를 보내던 중 지난달 24일 열린 제19차 포항지진 피해 구제 심의원회에서 흥해 한미장관맨션과 대신동 시민 아파트를 '수리불가'로 최종 결정했다. 주민들은 전파수준의 피해 지원금을 받게 되면서 새로운 거주지를 마련할 수 있게돼, 길고 긴 구호소 생활도 마침표를 찍게 됐다.

포항시는 지진 1435일 만인 19일 오전 흥해실내체육관에 있는 221개 텐트를 철거하고 임시구호소 운영을 마무리했다. 이곳은 60가구 154명이 이재민으로 등록됐으며, 실제 거주는 9가구 10여 명이 생활했다.

이강덕 포항시장은 "지난 4년간 고통을 참고 기다려준 이재민들께 위로와 감사를 드린다"면서 "안전한 거주지를 되찾을 때까지 노력을 해 갈 것"이라고 말했다.

하지만, 흥해실내체육관을 나가는 이재민들은 당장 석달 뒤가 걱정이다. LH임대아파트에서 석달만 거주할 수 있기 때문이다. 새로운 집을 찾기에 너무 짧다고 입을 모은다.

한 이재민은 "기존에 LH에 있는 이재민들은 몇 년동안 있으면서 새로운 집을 찾거나 준비할 수 있는 시간이 있었다"면서 "하지만, 이제 구호소를 나가는 우리더러 석달 안에 새집을 찾으라는 건 너무 매몰차게 내모는 것"이라고 말했다.

> [르포] '텐트생활 4년'… 포항지진 이재민
> 1435일만에 일상으로
> CBS 노컷뉴스, 2021년 10월 19일

KBS 뉴스, 2021년 4월 11일, "포항 지진 3년 5개월 지났는데…아직도 텐트 생활" 중 일부. 신광진 촬영.

16. 알리바바에서 판매되는 소형 "난민 보트refugee boat"

공간의 주요 수치

길이, 너비	8.0 × 2.4m
바닥 면적	19.20m² (5.8평)
높이	-
수용인원	약 120명
1인당 면적	0.16m²/명 (0.05평/명)

시설 접근성: "최저주거기준"과의 비교
- 상하수도 시설
- 전용입식부엌 (음식으로의 접근성)
- 전용수세식화장실
- 목욕시설

구조부: "최저주거기준"과의 비교
- 영구건물로서의 구조강도
- 내열·내화·방열·방습에 양호한 재질

안전 기준: "최저주거기준"과의 비교
- 해일, 홍수, 산사태, 절벽의 붕괴 등 자연재해 발생의 위험성이 적음
- 안전한 전기시설 설비
- 화재 시 피난할 수 있는 구조와 설비

주거 성능: "최저주거기준"과의 비교
- 적절한 방음
- ✓ 적절한 환기
- ✓ 적절한 채광
- 적절한 난방설비

외부 환경: "최저주거기준"과의 비교
- 기준치 이하의 소음
- 기준치 이하의 진동
- ✓ 기준치 이하의 악취
- ✓ 기준치 이하의 대기오염

항해에는 약 나흘이 걸린다. 선상의 조건은 끔찍하다. 먹을거리가 거의 없고 화장실도 없다. 임신부에겐 승선 전에 카테테르(체내에 삽입해 소변 등을 뽑아내는 도관)를 강제로 삽입하게 한다. 임신부의 소변이 남자들에게 '독'이 된다는 미신 때문이다.

나이지리아 출신의 임신부 마델린 아데비시(32)는 본인의 의사에 반해 배를 탔다고 말했다. 리비아 공습이 시작됐을 때 아데비시의 실직한 남편은 일거리를 찾아 트리폴리를 떠났다. 그녀는 트리폴리에 남아 자신과 마찬가지로 전쟁이 터지면서 병원의 일자리를 잃은 다른 아프리카 여성들과 함께 지냈다. 어느 날 카다피의 군인들이 그들이 사는 곳으로 찾아와 강제로 항구 부근의 작은 집으로 거처를 옮기게 했다. 며칠 뒤 한밤중에 그들은 다른 수백 명과 함께 배에 강제로 태워졌다.

사흘 뒤 몰타 섬에 정박하려다가 실패한 뒤 람페두사 인근에서 방향타가 부러졌다. 조종이 불가능해진 그 배는 '유럽의 관문' 조각상에서 100m 떨어진 곳의 거대한 바위를 들이박았다. 유럽으로 건너가려다가 바다에서 숨진 사람들의 넋을 위로하려고 세운 기념물이다. "바위 쪽에서 비명이 들렸다"고 이탈리아 헌병대의 마르코 페르시 중위가 뉴스위크에 말했다. "그들은 계속 비명을 지르며 필사적으로 구조를 요청했다. 함께 있던 아기들이 숨질까 무척 걱정했다."

해안경비대의 조명등이 비치자 어린이와 임신부들이 파도 속에서 발버둥치는 처절한 장면이 펼쳐졌다. 구조대원들이 수백 명을 건져냈다.

"그날 밤 배가 바위에 부딪혔을 때 난 이미 죽었다는 생각이 들었다"고 아데비시가 말했다. "아주 밝은 빛이 보였다. 내 삶이 끝났다고 확신했다." 그녀는 지금 이탈리아 본토 리구리아 해안의 라스페치아 항구에 설치된 난민센터에서 지낸다. 곧 아기가 태어날 예정이지만 남편이 죽었는지 살았는지 알 길이 없다. 남편은 지난 4월 트리폴리를 떠난 뒤로 아무런 소식이 없다.

EXODUS 지중해의 '보트 피플'
(한국) 이코노미스트, 2011년 6월 24일

유럽연합(EU)이 리비아에 고무보트와 선외기(탈부착 가능 모터) 수출과 공급을 제한하기로 했다. 죽음의 위험을 무릅쓰고 지중해를 건너 이탈리아로 넘어오는 난민 밀입국을 막기 위해서다. EU는 17일(현지시간) 성명을 내고 고무보트와 선외기가 인신매매나 난민 밀입국에 사용될 우려가 있다는 합당한 근거가 있으면 수출 제한을 할 수 있는 법적 근거가 생겼다고 발표했다.

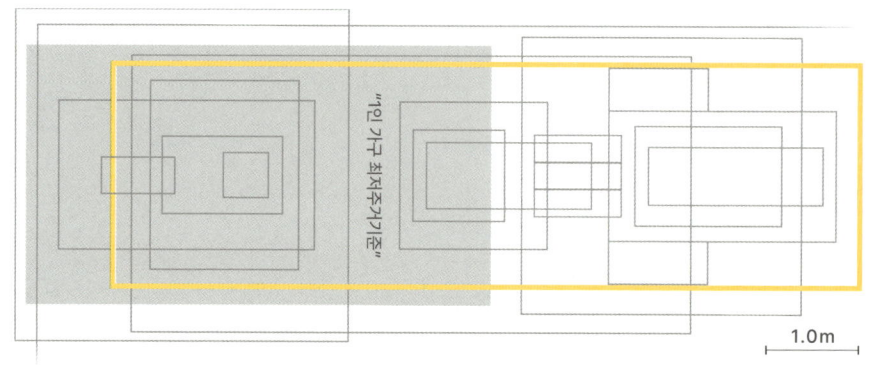

EU의 이번 조치가 얼마나 효과가 있을 지는 의문이다. 중국 온라인 쇼핑몰 알리바바에는 아예 '난민 보트(refugee boat)'라고 이름 붙인 상품들이 넘쳐난다. 길이 8~11m에 너비는 2.4~3.6m 정도다. 가장 싼 물건은 개당 300~500달러(약 33만~56만원)에 팔린다. 난민 한 사람이 보트에 타려고 밀입국 업자에게 내는 돈의 절반 수준이다.

"정원이 꽉 차거나 심지어 물이 가득 고여도 가라앉지 않는다" "충격에 강하다" 같은 '난민 맞춤형' 설명이 달렸지만, 이를 곧이 곧대로 믿고 지중해를 건너려 하는 것은 대단히 위험하다. 온라인매체 쿼츠는 "이런 보트들은 가볍고 값도 싸지만 바다를 건널 만큼 튼튼하지는 않다"고 적었다. 보트 한 대당 정원은 최대 60명 정도지만 2배, 3배의 난민이 타는 경우가 보통이다.

[중략]

난민이 늘면 밀입국 업자들도 넘쳐난다. 그리스 레스보스섬으로 향하는 난민들이 모여들었던 터키 항구 도시 이즈미르에서는 '난민 산업'이라는 말까지 나왔다. 도시 곳곳 옷가게들마다 구명조끼 수십개를 가게 앞에 내다걸었다. 케밥가게에서조차 구명조끼를 팔았다. 행상들은 수십 개씩 풍선을 손에 들고 다니며 난민들과 가격을 흥정했다. 난민들은 업자와의 연락이나 비상시 구조요청에 반드시 필요한 스마트폰 등을 바닷물에 젖지 않게 하기 위해 풍선을 주로 이용했다.

지난해 1월 이곳에서는 가짜 구명조끼를 만들어 팔려던 일당이 경찰에 붙잡히기도 했다. 시리아 난민 소녀 2명을 포함한 이들은 방수기능 없는 포장재로 속을 채운 조끼를 팔았다. 체포 며칠 전 터키 해안에서는 구명조끼를 입은채 익사한 난민 시신 수십 구가 발견됐다.

이즈미르에서 호황을 누리던 '난민 산업'은 터키가 EU측과 2015년 12월 난민협정을 맺고 통제에 들어가면서 크게 꺾였다. 폭풍우가 몰아치는 겨울철이면 '계절 할인'까지 제공하며 난민들을 끌어 모으던 업자들도 자취를 감췄다. 가게마다 하루 70~100개씩 팔리던 구명조끼도 난민협정 체결 몇 개월 만에 하나도 팔리지 않게 됐다. 유엔난민기구 통계에 따르면 2016년 1월까지 그리스에 도착한 난민 숫자는 6만6000명이었지만 8월에는 3437명에 그쳤다.

그러나 난민 자체는 전혀 줄지 않았다. 이즈미르에서 에게해를 넘어 레스보스로 향하던 난민들까지 이제 리비아로 몰려들어 트리폴리와 미스라타, 벵가지에서 지중해를 건너 이탈리아 시칠리아섬으로 향한다. 지난해 리비아-이탈리아 해상 루트를 넘은 난민은 18만1436명으로 2014년 기록을 갈아치웠다. 1~3월에만 난민 1만8795명이 이 루트로 밀입국을 시도했다. 전년도 같은 기간보다 85% 늘었다.

지중해 루트는 에게해 루트보다 거리도 멀고 더 위험하다. 지난해 11월 국제이주기구(IOM)는 난민 4621명이 지중해를 건너다 숨졌다고 발표했다. 2015년 3777명에 비해 1000명 늘었다. 유엔난민기구는 "리비아에서 이탈리아로 가는 길은 터키에서 그리스로 가는 길보다 10배는 더 위험하다"고 했다.

EU는 2015년 10월부터 지중해 위에서 죽어가는 난민들의 비극을 막기 위해 '소피아 작전'이라 이름 붙인 밀입국 조직 퇴치작전에 나섰다. EU 해군을 동원해 난민선으로 추정되는 선박을 수색하고 나포했다. 그러나 이 작전 때문에 오히려 사망자만 더 늘었다는 지적이 나온다. 지난 11일 영국 상원의 EU 대외문제 소위원회가 발표한 보고서를 보면 밀입국 업자들은 수색과 나포를 피하기 위해 일반 선박 대신 고무보트로 난민을 실어나르기 시작했고 그 때문에 희생자가 더 늘었다.

지중해 넘는 난민들 '죽음의 항해'…
고무보트 없앤다고 사라질까
경향신문, 2017년 7월 19일

지중해 아프리카 연안에서 출발하여, 이탈리아 해군에게 구조된 난민들. 마시모 세스티니Massimo Sestini 촬영, 폴라리스 이미지스Polaris Images 제공.
미국 타임TIME지, 2014년 6월 20일, "Boat Migrants Risk Everything for a New Life in Europe" 기사 중에서.

17. 비닐하우스 내 컨테이너 박스 가건물

공간의 주요 수치

길이, 너비	3.0 × 6.0m
바닥 면적	18.00m² (5.5평)
높이	2.7m
수용인원	약 7~9명
1인당 면적	2.00~2.57m²/명 (0.6~0.8평/명)

스무 살부터 마흔여덟까지, 다양한 연령대의 캄보디아 출신 노동자 8명이 비닐하우스 한 곳에서 열심히 상추를 수확했다. [중략] 그들이 귀가한 '집'은 10m도 채 떨어지지 않은 검은색 비닐하우스였다.

비닐하우스 안으로 들어서자 양쪽으로 상추 포장용 박스가 수백 개 쌓여있고, 오른쪽에는 농기계용 휘발유가 담긴 기름통 대여섯 개와 1.5리터(L)짜리 빈 생수병 수십 개가 어지럽게 놓여있다. 조금 안쪽에 하얀색 조립식 패널로 만든 직육면체의 '집'이 비닐하우스의 절반가량을 차지하고 있다. 이곳이 사업주가 이주노동자들에게 제공하는 기숙사다. 남자 3명이 방 하나를 같이 쓰고 여자 5명은 방 둘을 2명, 3명씩 나누어 쓴다.

방 하나의 크기는 6.61㎡, 약 2평으로 3명이 나란히 누우면 바닥이 꽉 찰 정도로 좁다. 모든 방에 난방시설은 없고 냉랭한 공기가 돌았다. 그들은 바닥 절반 크기의 전기장판과 두세 장 이불로 한겨울을 나고 있었다. 기상청에 따르면 인근 동두천 지역의 지난 2월 최저기온이 영하 14.9도(℃)였다.

천장 쪽을 보니 녹슬고 부서진 에어컨에 먼지가 새까맣게 낀 필터가 눈에 띄었다. 작동은 한다는데 여름에 제 기능을 할지 의심스러웠다. 쏙 씨가 지내는 방에는 그나마 에어컨도 없다. 그는 "캄보디아가 더운 나라라 (한국) 여름도 지낼만하지만, 한 달 정도는 더위 때문에 힘들다"고 말했다. 창문은 있지만, 바깥 비닐하우스에 씌운 차광막 때문에 햇빛은 전혀 들지 않았다.

한겨울에는 농작물 보호를 위해 비닐하우스 내부에 적정온도를 유지해야 하므로 숙소에서 쓸 온수를 끌어간다. 그래서 밤 9시까지는 숙소에 물이 나오지 않는다. 장시간 노동을 하고 돌아왔지만, 샤워는커녕 변기 물도 내릴 수 없었다. 더러워진 옷을 세탁기에 돌릴 수 없는 것은 물론이다. 급한 볼일을 보고 물을 내리지 못한 채 변기 뚜껑을 덮어두기도 한다. 쏙 씨가 쓰는 방에는 그나마 화장실이 없고 샤워시설만 있다. 옆 방 화장실을 여성 5명이 함께 쓴다. 쏙 씨는 "새벽에는 옆방에 들어가기 곤란해서 (내 방에 있는) 샤워장에서 소변을 본다"고 말했다. 그들에게 이 정도 불편은 이미 '일상'이었다.

일터와 쉼터의 경계가 희미하고, 사람이 사는 '집'이라기엔 턱없이 부족한 곳이지만 이 방의 '월세'는 무려 75만 원이다. 1명당

시설 접근성: "최저주거기준"과의 비교
- ✓ 상하수도 시설
- 전용입식부엌 (음식으로의 접근성)
- ✓ 전용수세식화장실
- ✓ 목욕시설

구조부: "최저주거기준"과의 비교
- 영구건물로서의 구조강도
- 내열·내화·방열·방습에 양호한 재질

안전 기준: "최저주거기준"과의 비교
- 해일, 홍수, 산사태, 절벽의 붕괴 등 자연재해 발생의 위험성이 적음
- 안전한 전기시설 설비
- 화재 시 피난할 수 있는 구조와 설비

주거 성능: "최저주거기준"과의 비교
- 적절한 방음
- 적절한 환기
- 적절한 채광
- 적절한 난방설비

외부 환경: "최저주거기준"과의 비교
- 기준치 이하의 소음
- ✓ 기준치 이하의 진동
- 기준치 이하의 악취
- 기준치 이하의 대기오염

오마이뉴스, 2022년 6월 24일, "퇴비 무덤 옆 곰팡이 집, 옆 동에선 사람이 죽었다" 중에서. 이희훈 촬영.

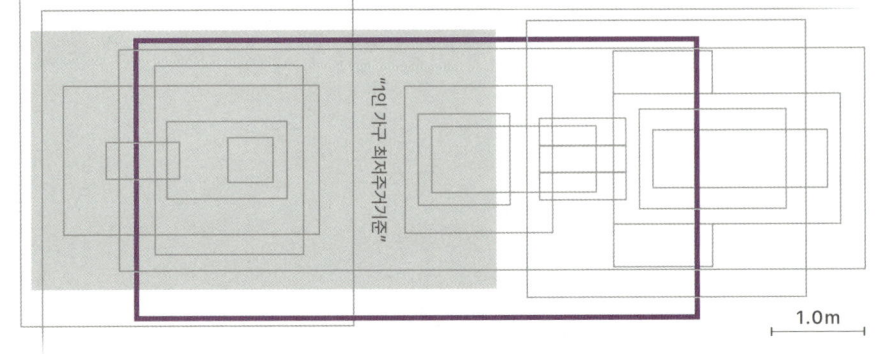

25만 원을 낸다. 2명이 쓰는 방은 50만 원이다. 포천시 신읍동에서 냉난방 시설과 화장실, 욕실, TV까지 갖춘 8평 원룸이 보증금 200만 원에 월세 28만 원인 것과 대조하면 터무니없는 가격이다.

비닐하우스, 컨테이너 속 한숨과 원망
단비뉴스, 2020년 5월 21일

경기도 일대에 한파경보가 내려졌던 지난 12월 20일, 포천 일동 지역 농장의 비닐하우스 기숙사에서 한 이주여성노동자가 동료 이주노동자에 의해 싸늘한 주검으로 발견되었다. 사망한 이는 2016년 고용허가제로 한국에 입국하여 농업에 종사해 온 캄보디아 출신의 서른 살 여성 이주노동자. 고인이 피를 토한 흔적이 있는 침실에서는 출국일이 불과 20여일밖에 남지 않은 귀국 비행기 티켓이 함께 발견되었다.

고인이 사망한 채 발견된 비닐하우스 구조물은 고인이 생전에 근무하였던 농장의 농장주가 기숙사로 제공한 것으로서, 비닐하우스 안에 조립식패널을 세워 마련한 조악하기 짝이 없는 임시 건물이었다. 고인과 함께 일했던 동료 노동자들의 증언에 따르면, 고인이 사망하기 전날에 차단기가 작동하지 않는 등 비닐하우스 숙소에 난방이 되지 않았으며 추위에 견디지 못한 나머지 노동자들은 모두 근처의 다른 노동자 숙소에서 잠을 잤다고 한다. 결국 고인은 영하 18도에 이르는 한파 속 난방이 되지 않는 비닐하우스 숙소에서 혼자 잠을 청하다 사망에 이른 것으로 보인다. [중략]

그러나 이런 임시가옥은 절대 집이 될 수 없다. 지난 여름 장마 기간동안의 수해 이재민의 상당수가 이주노동자였던 것을 기억하는가. 임시가옥은 폭염, 폭우, 한파를 막아줄 수 없을 뿐만 아니라, 보안에 취약하고 화재와 같은 상시적인 위험도 안고 있다. '비닐하우스는 집이 아니다'는 꾸준한 외침으로 인해 2019년 근로기준법, 외국인 고용법의 개정이 이루어 졌지만 이 중 현존하는 비닐하우스 숙소와 같은 임시건물 숙소에 대한 근본적인 개선책은 없다. [중략]

이주여성노동자 비닐하우스 기숙사 산재사망
철저한 진상규명과 대책마련 촉구를 위한
기자회견문 〈비닐하우스는 집이 아니다!〉
이주노동자 기숙사 산재사망 대책위원회,
2020년 12월 28일

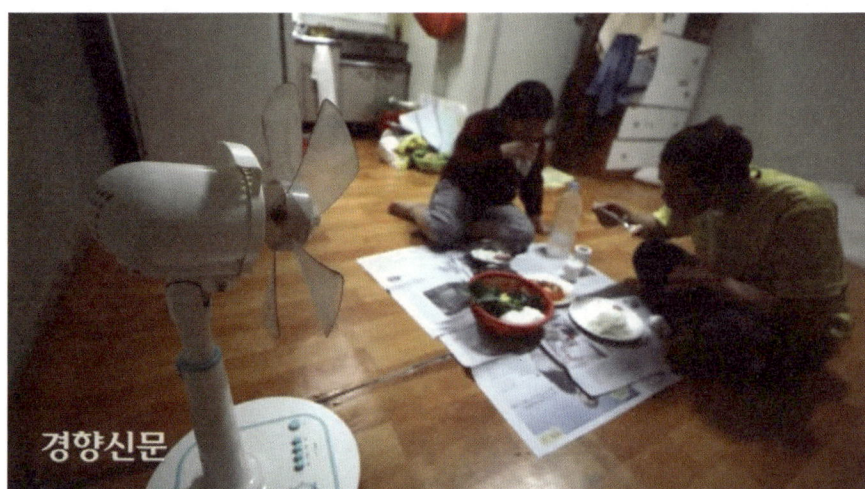

경향신문, 2021년 7월 9일, "'비닐하우스' 노동자의 죽음 이후… "사장님이 매일 CCTV 체크해요"" 중에서. 권도현 촬영.

오마이뉴스, 2022년 6월 24일, "퇴비 무덤 옆 곰팡이 집, 옆 동에선 사람이 죽었다" 중에서. 이희훈 촬영.

정은정 농촌사회학자: "정의당답게"라고 표현하겠습니다. 이주 농업노동자 노동권과 기본권에 대해서 공약을 내걸었습니다. 이주 농업노동자의 공공주거시설 확충 지원. 이거는 지금 농식품부나 정부에서도 하려고 하는 거에요. 유휴시설, 빈 집들이 있잖아요. 그리고 시내에 있는 숙박시설이나 원룸촌 같은 것들을 해서 하자는 이야기가 있구요.

윤세민 에디터: 그런데 [심상정 후보는] 거기에 아까 말씀드린 최소주거기준을 적용한다고 하더라구요.

정은정 농촌사회학자: 그렇죠. 제가 이주노동, 특히 농업 이주노동에 대해서는 오랫동안 관심을 가지고 쫓아온 편인데. 인권으로만 이야기하면 조금 가려지는 부분이 있어요. 인권은 늘 상수이기도 하고 꼭 지켜져야 하긴 하지만, 노동자들도 작업장과 멀어지고 싶지 않은 거에요. 출퇴근이 길잖아요. "나도 작업장 근처에 있었으면 좋겠다." 현실적으로. 이런 입법처의 조사까지 나왔어요. 100% 이 기준에 맞추려면 현재의 이주노동자들의 [숫자에 맞는] 숙소를 마련하기가 어려워요. 그래서 중간 단계로, 농지에다가 시설을 지을 수 있는 어떤 한시적인… [규제를] 풀어달라는 거죠.

윤세민 에디터: 농지에는 원래… 천하무적이잖아요. [건축물] 절대 못 짓잖아요.

정은정 농촌사회학자: 절대로 안 되죠. 왜냐하면 하수구 시설이 들어가고 하니까. 그것도 절대농지에. 그런데 그렇게 하지 않으면, 안 그래도 이게 권역이 되게 넓잖아요. 면 단위에 숙소를 마련해줬는데 작업장은 버스를 타고 1시간 반 걸리고. 이렇게 되면 문제가 생긴다는 거에요. 그래서 현실을 좀 들여다보면, 이런 부분까지는 정의당 정도면 [정책이] 디테일하게 나와줄 수 있어요. 왜냐하면 정의당 내에 농업위원회가 있거든요.

윤세민 에디터: 야 그런데, '농지에다가 지어줘야겠구나' 라는 생각이 들면서 또 반사적으로, 직불금을 엉터리로 수령하는 사람들이 있잖아요. 그 사람들이 거기다가 또 뭘 짓고 장난을 칠지가 동시에 떠오르네요.

팟캐스트 〈그것은 알기 싫다〉
"20대 대통령선거 데이터센트럴:
정의당 심상정"
XSFM, 2022년 3월 2일

18.
인천국제공항 제1여객터미널 환승구역

공간의 주요 수치

길이, 너비	580.0 × 930.0m (제1여객터미널 건물 전체 기준)
바닥 면적	496,804m² (전체 연면적 기준. 150,546.7평)
높이	33.0m (건물 전체 기준)
수용인원	1명
1인당 면적	496,804m²/명 (150,546.7평/명)

닷페이스, 2021년 1월 17일, "인천공항에 1년 넘게 갇혀 있는 사람이 있습니다" 중 일부. 모모, 소현 촬영.

시설 접근성: "최저주거기준"과의 비교
- ✓ 상하수도 시설
- 전용입식부엌 (음식으로의 접근성)
- ✓ 전용수세식화장실
- ✓ 목욕시설

구조부: "최저주거기준"과의 비교
- ✓ 영구건물로서의 구조강도
- ✓ 내열·내화·방열·방습에 양호한 재질

안전 기준: "최저주거기준"과의 비교
- ✓ 해일, 홍수, 산사태, 절벽의 붕괴 등 자연재해 발생의 위험성이 적음
- ✓ 안전한 전기시설 설비
- ✓ 화재 시 피난할 수 있는 구조와 설비

주거 성능: "최저주거기준"과의 비교
- 적절한 방음
- ✓ 적절한 환기
- ✓ 적절한 채광
- 적절한 난방설비

외부 환경: "최저주거기준"과의 비교
- 기준치 이하의 소음
- 기준치 이하의 진동
- ✓ 기준치 이하의 악취
- ✓ 기준치 이하의 대기오염

Q1. A씨는 누구?

모모 PD: A씨는 고국에서 반정부 무장단체에 반년 간 납치됐다가 가까스로 탈출했습니다. 무장단체는 A씨의 집을 찾아내 불을 지르고, 동생을 살해했습니다. 자식 5명도 뿔뿔이 흩어져 연락이 닿지 않아요.

A씨는 비자 없이 갈 수 있는 나라에서 난민 신청을 하고 싶었지만, 난민을 수용하는 법과 제도를 갖춘 나라가 없었습니다. 일단 멀리 떨어진 동남아시아 국가로 가는 비행기를 탔습니다. 한국을 경유하는 표였습니다.

2020년 2월 15일 한국에 도착했습니다. 이곳이 난민협약 가입국이며, 난민 신청을 받는다는 말을 들었습니다.

Q2. A씨는 왜 공항에 갇혔지?

이일 변호사: 법무부가 A씨의 난민 신청 접수를 거부했기 때문입니다. A씨가 '환승객'으로, 비행기표의 최종 목적지가 한국이 아니라는 이유였습니다.

하지만 우리나라 난민법은 난민인지 아닌지 심사 받을 기회를 권리로 보장하고 있습니다. 애초에 어떻게 한국에 왔는지는 법적인 고려 기준이 아닙니다.

그럼에도 공항 출입국관리소는 A씨의 난민 신청을 접수조차 하지 않고, A씨에게 원래 살던 나라로 돌아가라고 했습니다. A씨가 그 나라에서 목숨의 위협을 피해 도망쳤는데도요. 국내 입국도 거부 당하고, 원래 나라로 돌아갈 수도 없는 A씨는 환승구역에 갇히게 되었습니다.

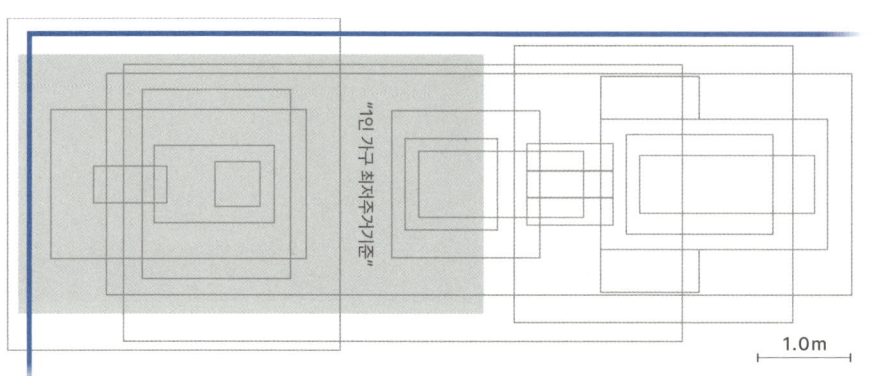

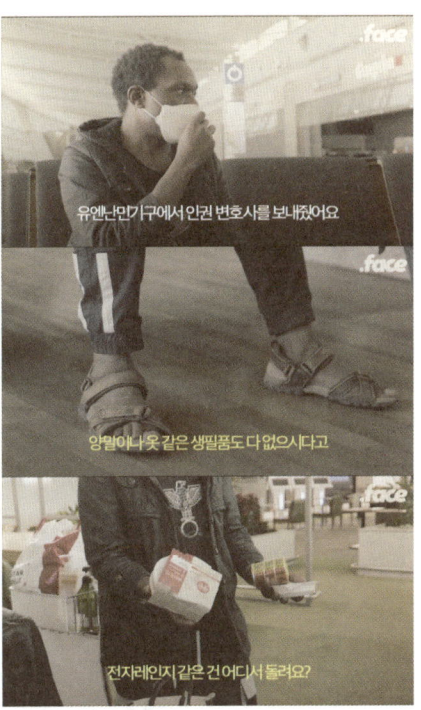

과 통조림을 가져다 주었습니다. 환승구역에서 사 먹을 수 있는 식사는 한 끼에 만원이 넘어가, 급하게 본국을 떠나 온 A씨에게는 엄두가 나지 않습니다. [중략]

Q5. 공항에 있는데 어떻게 취재했어? 비행기표 끊어서 환승구역에 갔어?

모모: 쉽지 않았어요. 처음에는 난민 문제를 주관하는 법무부에 정식으로 취재 요청을 해서 환승구역에서 사는 A씨를 만나려고 했는데요. "담당 공무원이 인솔해 준다는 조건 하에 환승구역에 들어갈 수 있습니다." 라는 답변을 받았어요.
그래서 인솔을 부탁했죠. 그런데 갑자기 말이 바뀌었어요. "그 분은 환승객이라서 우리 소관이 아닙니다. 인천공항에 물어보세요."라고 대답하는 거예요.
그래서 다시 인천공항 쪽에 연락했어요. 그러자 반대로 "난민 문제는 법무부 소관입니다."라고 서로 떠넘기더라고요.
결국 비행기표를 끊어서 들어갔어요. 하늘만 돌다가 내려오는 '무착륙 관광 비행' 상품을 샀습니다.

이일: [중략] A씨 같은 난민은 존중받는 인간이 아니라, 마치 불편한 짐처럼 서로 저 쪽이 관리해야 된다고 떠넘기고 있는 현실입니다. 우리 책임도 아닌데 왜 굳이 취재진을 인솔해줘야 하냐는 태도가 공무원들의 답변 속에 녹아 있는 것 같아 유감입니다. [중략]

Q6. A씨가 공항에서 나올 방법이 없는 거야?

이한재: 그렇지 않습니다. 인권변호사들로 구성된 공익변호인단이 법무부를 상대로 두 가지 소송을 진행했어요. 첫 번째는 A씨의 난민 신청 접수를 받아줘야 한다는 소송이었고, 두 번째는 환승구역에 난민 신청자를 방치하는 것은 불법 구금이라는 소송이었습니다.
A씨는 두 소송 모두 승리했습니다. [중략] 2021년 4월 12일, A씨가 1년 2개월 가까이 환승구역에 갇혀 있는 상황은 인간의 존엄성을 지킬 수 있는 '최소한의 처우'를 받지 못하고 있는 상황이며, 13일 자로 바로 공항 밖으로 나올 수 있게 하라는 판결이 나왔습니다. A씨는 드디어 공항 밖으로 나오게 되었습니다.

Q7. 지금은 어떻게 됐어?

이한재: 2021년 5월 12일, A씨의 소송에 대한 항소 기간이 끝나 최종 승소가 확정되었습니다. A씨는 시민단체가 운영하는 거주시설에서 지내고 있는데요. [중략]
A씨는 원래 공항에서 난민 신청을 했기 때문에 인천공항에서 본 심사 전에 회부심사부터 거쳐야 합니다. 인천공항에 다시 갇히는 건 아니고, 지내는 거주시설과 공항을 오가며 심사를 받아요. 5월 24일에 회부심사를 최종 통과해 난민 신청 접수증을 받았습니다. 이제부터 서울에서 난민 심사를 받게 됩니다.
이 심사가 산 넘어 산입니다. 2020년 한 해 동안 한국이 받아들인 난민은 0.4%밖에 안 됩니다. 이 확률을 뚫어야 하는 것입니다. 심사 결과 난민으로 인정받지 못하면 이의 신청을 할 수 있고, 소송도 할 수 있어요. 이 과정을 끝까지 다 거친다면 몇 년이 걸릴지 모릅니다.

Q3. A씨는 공항에서 얼마나 살았어?

이한재 변호사: 2021년 4월 13일 공항 밖으로 나올 때까지 423일 간 살았습니다. 지금까지 알려진 '공항 난민' 사례 중에서도 가장 긴 기간입니다.
한국이 가입한 난민협약은 난민 심사도 하지 않고 원래 나라로 강제로 돌려보내서는 안 된다고 명시하고 있습니다. '강제송환 금지 원칙'이라고 하는데요. 한국 난민법에도 적시된 내용입니다.
또한 국경 지대에 난민 신청자를 오랫동안 구금하거나 방치해도 안 됩니다. 그 사람이 난민 신청을 하러 온 게 맞는지 최대한 빨리 심사하고, 일단 입국한 뒤에 신청 절차를 밟도록 해야 합니다. 우리나라 난민법에 따르면 공항에서 난민 신청을 한 사람에 대해 7일 이내에 심사를 마쳐야 하며, 만약 7일이 지나면 일단 입국시켜야 합니다.

Q4. 공항에서 어떻게 살았지?

모모: 2020년 11월에 인천공항으로 A씨를 만나러 갔어요. A씨는 24시간 환하게 불이 켜진 환승구역에서 생활했습니다. 터미널 의자에 누워 쪽잠을 자고, 아무도 없는 시간에 화장실에 가서 얼굴을 씻었습니다. 식사는 인권변호사들이 즉석밥

> 423일 간 공항에 갇혔던 난민이 있다
> 닷페이스, 2021년 6월 25일

19. 전시 출품, 책자 발행 관련 크레딧

Studio Half-bottle

이 책은 2022년 7월 20일부터 9월 12일까지 "문화역서울284"에서 진행되었던 기획전시 〈나의 잠My Sleep〉(http://2022mysleep.kr)에 출품되었습니다. 그래픽디자인 스튜디오인 '스튜디오 하프-보틀'이 〈나의 잠〉전시에 출품한 작품, "사람에게는 얼마만큼의 잠잘 땅이 필요한가?"의 내용을 설명하기 위해 제작되었습니다.

이 책은 2022년 8월 11일부터 9월 14일까지 텀블벅tumblbug을 통해 제작기금을 크라우드 펀딩으로 모금했습니다(https://tumblbug.com/land-need-to-sleep). 총 106명의 후원을 받았으며, 그중에서 10명의 익명 후원자와 2명의 후원자 추가 기재 부탁을 포함하여 후원자 성함을 같이 명기합니다. 이 책이 나올 수 있도록 후원해주신 여러분에게 감사드립니다.

ISBN 979-11-980175-0-5 (03330)
2022년 10월 7일 1판 1쇄
2024년 3월 25일 1판 2쇄
정가 15,000원

단행본 책자
"사람에게는 얼마만큼의 잠잘 땅이 필요한가?"
제작 펀딩 후원자

2046, 가을잠, 강다방 이야기공장, 강연지, 곰브리치, 과수원, 권하정, 김규백, 김까비, 김다경, 김다애, 김다운, 김민정, 김서연, 김선영, 김성민, 김세헌, 김시연 KIMSIYEON, 김영랑, 김영식, 김재옥, 김지현, 김혜미, 남호, 남훈식, 돌배누, 러프, 루시칼, 박경민, 박산하, 박예휘, 박하은, 백무열

백영재, 서진, 시사서, 신지연, 안혜진, 어계상, 엄운진, 엘리프, 오승재, 오창훈, 오채빵, 오현주, 유선, 유진상, 윤지수, 은령, 이경민, 이서연, 이세림, 이야호, 이원재(LAB2050), 이정은, 이정진, 이주언, 이지원, 이지은, 이하나, 임은주, 임준, 장태린, 전진형, 정유경, 정진영

쥬빵, 진범성, 진서윤, 채수현, 철안든막리지, 청나, 최곰, 최선주, 최영준, 최은영, 최하예, 최희주, 턱괴는여자들 송근영, 파스, 편주현, 해미, 허유림, 황희정, 효빈, 희도, Ad Astra., Dew2, Hwang Gyu Young, IM jihyun, J.CHOI, JR United, kim nam-ho, Moonshik Jeong, namul, nvhk

+ 10인의 익명 후원자

단행본 책자
"사람에게는 얼마만큼의 잠잘 땅이 필요한가?"
제작 관련

책자 집필, 디자인
조현익 (스튜디오 하프-보틀)

전시 사진 촬영
(주)엠스토리컴퍼니 [전시 공식 사진], 조현익 (스튜디오 하프-보틀)

책자 인쇄 및 제본
엠그래픽스

종이 재질 및 후가공
문켄디자인퓨어 100g/㎡ (두성종이)
+ 고리 중철제본

책자 발행
스튜디오 하프-보틀 Studio Half-bottle
2019년 8월 14일 출판등록
(제 2019-000228호)
www.half-bottle.studio
hello@half-bottle.studio
instagram @studio.half_bottle

〈나의 잠〉 전시 출품작
"사람에게는 얼마만큼의 잠잘 땅이 필요한가?"
제작 관련

작품 기획, 설계 및 설치
조현익 (스튜디오 하프-보틀)

작품 설치·시공 도움
정인화, 김민석, 나지윤

작품 기획·설계 아이디어 도움
유진상, 조주리, 이야호, 조혜민

설치물 자재 생산
천일카페트 (카페트 타일)
IKEA (의자, 의자패드)
(주)건화목재 (구조목)
레드프린팅 앤 프레스 (아크릴 입간판)
Anchor (마스킹테이프)
Sicad (마스킹테이프)
3M (마스킹테이프, 양면테이프)

설치물 자재 유통
한가람문구 (마스킹테이프, 양면테이프)
호미화방 (마스킹테이프)
MRO마트 (마스킹테이프)

설치 공구 제공
서교동 공구대여센터
(서울특별시 마포구 서교동주민센터)

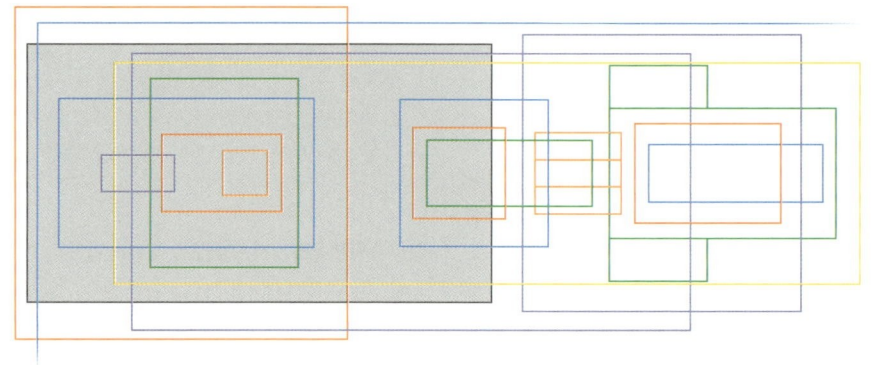

00.
책자 안내 및 전시 정보 안내

공간의 주요 수치

이 칸에는 공간의 길이, 너비, 바닥 면적, 수용인원, 1인당 면적을 표기한다.
수용인원의 경우, 적정 수용인원이 아니라 해당 공간에서 잠을 자게 되는 특정 상황에서 해당 공간에 자리하는 사람 숫자를 기준으로 삼는다.

"최저주거기준"과의 비교

이 칸에는 한국 국토교통부(당시 국토해양부)에서 2011년에 공고한 "최저주거기준"(page 8-9 참조)과 해당 공간의 속성을 비교한다. "최저주거기준"이 제시하는 주거시설 평가 항목을 5가지 분류에 따라 나누고, 해당 공간이 평가 항목을 만족할 경우 체크 표시(✔)하여 나타낸다. 평가 항목은 다음과 같다.

시설 접근성: 상하수도 시설, 전용입식부엌 (음식으로의 접근성), 전용수세식화장실, 목욕시설

구조부: 영구건물로서의 구조강도, 내열·내화·방열·방습에 양호한 재질

안전 기준: "해일, 홍수, 산사태, 절벽의 붕괴 등 자연재해 발생의 위험성이 적음", 안전한 전기시설 설비, 화재 시 피난할 수 있는 구조와 설비

주거 성능: 적절한 방음, 적절한 환기, 적절한 채광, 적절한 난방설비

외부 환경: 기준치 이하의 소음, 기준치 이하의 진동, 기준치 이하의 악취, 기준치 이하의 대기오염

본문에 대한 설명

이 책 본문은 각 잠자리 공간과 관련한 스크립트로 채워져 있다. 대부분의 스크립트는 신문·방송을 통해 발행된 언론사 기사 내용이고 그 외에도 법률·규칙, 학술논문, 기관 보도자료, 팟캐스트 방송, 온라인 커뮤니티 게시글, 상품 카탈로그, 실화 기반의 소설 또는 영화 각본(녹취록) 등이 수록되었다. 각 글의 원전을 글 끝부분에 명기했다.

각 스크립트는 온라인으로 공개된 것을 중심으로 수집했다. 본문에 함께 수록된 QR코드를 통해 스크립트의 원전을 살펴보거나 다운로드할 수 있는 웹페이지에 방문할 수 있다. 다만 영화나 소설처럼 온라인에서 원문을 찾기 어려운 종류의 스크립트의 경우, QR코드를 통해 원문과 관련된 정보(작품 정보 등)로 연결될 수 있도록 했다.

영어로 된 원문은 책의 작가인 조현익(스튜디오 하프-보틀)이 한국어로 번역했다.

원문의 길이가 지나치게 길 경우, 문맥이 바뀌지 않는 선에서 일부 내용만 본문으로 싣기도 했다. 이 경우 원문을 삭제한 구간에 [중략]으로 표시했다.

현대 한국어에서 쓰이지 않는 단어, 특정 분야의 전문 단어, 원문 일부가 중략되어 문맥상 의미를 파악하기 힘든 문구에 대해서는 의미를 잘 파악할 수 있게끔 단어의 해석 또는 문맥에 대한 설명을 대괄호([,]) 안에 적어서 덧붙였다.

1988년에 마지막으로 개정된 현대 한글 맞춤법에 어긋나는 한국어 스크립트 - 글이 쓰여진 시점에 따라 옛 맞춤법을 따른 글, 온라인 커뮤니티 게시글 등 - 라도 가급적 원문을 그대로 실었다.

다만 이 책의 본문으로서 독자가 읽기에 지나치게 불편할 경우 일부 표기의 수정을 덧붙였다. 이 경우에도 옛한글의 자음·모음 표기를 현대 한글에 맞게 수정하거나, 띄어쓰기·줄바꿈을 삽입/제거하는 등 원문의 의미 변화를 일으키지 않는 범위에서만 수정이 이루어졌다.

〈나의 잠〉 전시에서 각 공간을 표시한 방법 설명

이 책은 2022년 7월 20일부터 9월 12일까지 "문화역서울284"에서 진행되었던 기획전시 〈나의 잠My Sleep〉 출품작을 제작하는 동시에 만들어졌다. 스튜디오 하프-보틀의 전시 작품 "사람에게는 얼마만큼의 잠잘 땅이 필요한가?"는 공간 16곳의 바닥 면적과 공간 높이를 표현했다. 2개 공간은 물리적 공간의 부족으로 인해 설치하지 못했다.

각 공간의 크기와 높이는 다양한 근거를 바탕으로 측정되었다.

▶ 관계법령에서 (최소)크기를 규정: 최저주거기준, 대변기 칸막이

▶ 문화재청, 민주화운동기념사업회 등에서 제공한 실측 설계도면: 구 서대문형무소, 구 남영동 대공분실, 구 서울역 역사

▶ 제품 공식 카탈로그에서 수치를 제시하거나, 카탈로그 속 사진과 수치를 비교·대조하여 어림잡아 측량한 경우: 차량, 텐트, 인큐베이터

인간이 생존하려면 반드시 잠을 자야 한다. 잠을 자는 동안 인간은 모든 생명활동을 최소한으로 줄인 채 가장 안락한 형태의 휴식을 취한다. 이를 통해 인간은 다음날 활동하는 데에 필요한 기력을 확보할 수 있다.

하지만 잠을 자는 시간은 그 어느 때보다도 위험하다. 감각은 무뎌지고 생각이 멈추는 데다가 독자적으로 근육을 써서 무언가 행동하기가 어렵다. 따라서 인간은 잠든 사이에 벌어지는 외부 위협에 거의 대응하지 못하고, 심하면 목숨을 잃게 된다.

이런 위험을 피하기 위해, 인간은 하루하루 잠을 청할 공간을 까다롭게 고른다. 자신을 위험한 외부 환경으로부터 충분히 분리시키되 원할 때마다 얼마든지 외부로 나갈 수 있어야 하고, 건강하게 생존할 수 있도록 맑은 물과 음식을 확보할 수 있어야 하며, 다음날 운동기관을 무리없이 쓸 수 있도록 충분히 푹신하고 조용하며 넓이가 여유로운 공간을 찾으려고 한다.

하지만 그런 완벽한 공간에서 잠을 잘 수 있는 인간은 그렇게 많지 않다. 오히려 인간은 극한의 상황으로 몰릴수록 점점 더 질 낮은 환경의 수면 공간을 찾게 된다. 그래서 우리는 다른 사람의 수면 공간을 살펴봄으로써 사회와 인간의 속성을 살펴볼 수 있다.

수면 공간을 통해 우리는 ❶사회에 존재하는 다양한 권력의 모습을 확인할 수 있다.

자본에 의한 권력, 정치에서의 권력, 관계·위계에 따른 권력, 국가의 물리적 공권력 등에 의해 잠자리 공간이 결정되는 경우가 있다. 어떤 경우에는 두터운 권력에 맞서다가 권력에 의해 나쁜 수면 공간으로 내몰리기도 하고, 또 어떤 경우에는 개인이 두터운 권력에 맞서기 위해 자발적으로 극한의 수면 공간으로 자신을 내몰기도 한다.

수면 공간을 통해 우리는 ❷인간이 사회경제의 불평등에 얽매였다는 현실을 마주하게 된다.

수면 공간 확보는 곧 주택 소유와 임대료 지출의 문제, 다시 말해 자산 불평등과 소득 불평등을 비롯한 경제 구조의 문제로 직결된다. 따라서 사람들의 경제 상황에 따라 수면 공간에 현격한 차이가 발생한다. 특히나 여기에 노동, 젠더, 연령, 장애, 교육, 가족 형태 등 다양한 속성에 의해 발생하는 사회적·경제적 불평등과 차별까지 얽히면, 서로 다른 개인에게 주어지는 수면 공간의 차이는 더욱 적나라하게 드러난다.

수면 공간을 통해 우리는 ❸인간이 감당해야 하는 매서운 자연환경을 마주하게 된다.

태어나서 죽을 때까지 인간은 자신을 지키기 위해서, (자의 또는 타의에 따라) 사회를 유지하기 위해서, 인류의 영광을 드높이기 위해서 위험한 자연환경에 맞서는 상황에 처한다. 이런 사례는 인류가 달을 탐험하는 상황, 군인이 작전을 수행하는 상황, 자연재해로부터 대피하거나 난민이 되어 국경을 넘는 상황에 이르기까지 매우 다양하다. 그런 환경에서도 인간은 잠을 자기 위해 어떻게든 수면 공간을 만들어낸다.

이처럼 수많은 개인 서사와 사회적 맥락이 얽혀있는 수면 공간을 한꺼번에 바라보기 위한 취지에서, 스튜디오 하프-보틀은 문화역서울284에서 진행되는 〈나의 잠〉 전시에 작품을 출품한다. 이 작품은 여러 상황의 수면 공간을 마치 건축도면처럼 추상화하고 도식화한다. 작품을 관람하는 동안 각 수면 공간을 일괄 비교·대조하며 여기에 얽힌 서사와 맥락을 상상할 수 있도록.

레프 톨스토이의 소설 〈사람에게는 얼마만큼의 땅이 필요한가?〉에서, 주인공에게 필요했던 것은 그가 마지막에 죽어서 땅 속에 묻힐 길이 6피트[1.82m]에 해당하는 만큼의 땅이었다. 그렇다면 지금 인간이 살아가기 위해 필요한 최소한의 땅, 수면 공간의 땅은 얼마만큼 주어져 있는가?

사람에게는 얼마만큼의 잠잘 땅이 필요한가?
How much land does a person need to sleep?

Studio Half-bottle

ISBN 979-11-980175-0-5 (03330)
2022년 10월 7일 1판 1쇄
2024년 3월 25일 1판 2쇄
정가 15,000원

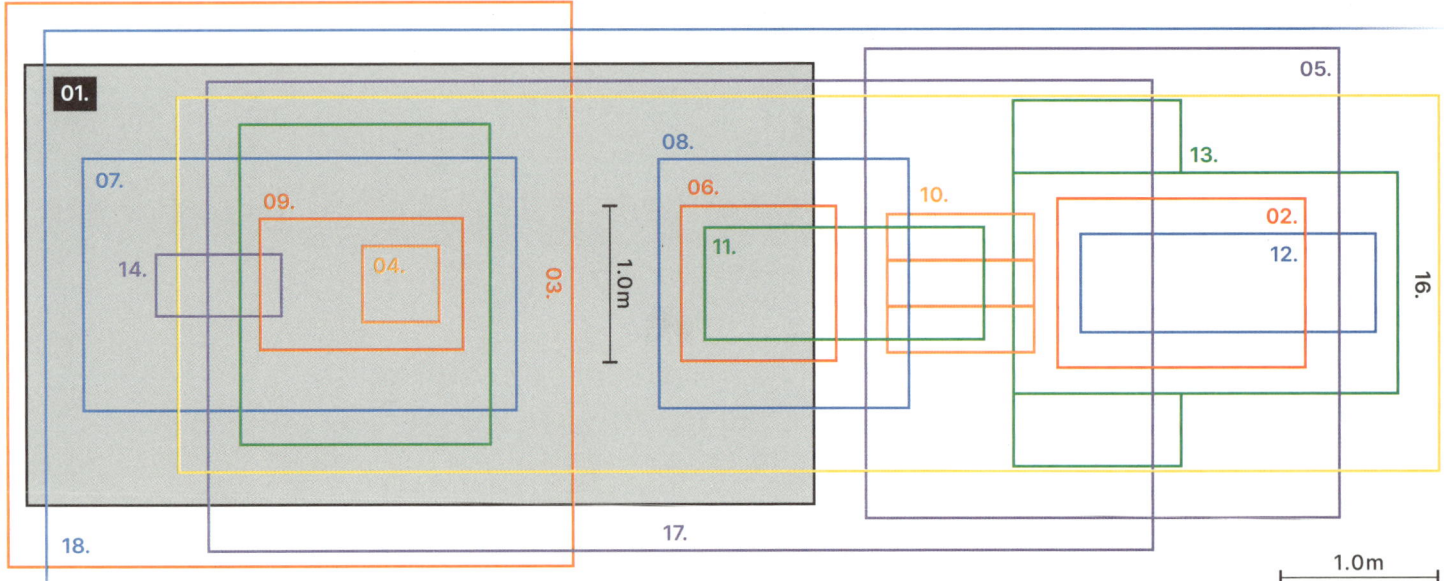